汉 语 知 识 丛 书

语 法 答 问

朱 德 熙

商务印书馆
创于1897 The Commercial Press

图书在版编目(CIP)数据

语法答问/朱德熙著. —北京:商务印书馆,1985.7
(2021.8重印)
(汉语知识丛书)
ISBN 978-7-100-02849-3

Ⅰ.①语… Ⅱ.①朱… Ⅲ.①汉语—语法—问题解答 Ⅳ.①H14-44

中国版本图书馆CIP数据核字(2015)第091572号

汉语知识丛书
YǓFǍ DÁ WÈN
语 法 答 问
朱 德 熙

商 务 印 书 馆 出 版
(北京王府井大街36号 邮政编码100710)
商 务 印 书 馆 发 行
北京艺辉伊航图文有限公司印刷
ISBN 978-7-100-02849-3

1985年7月第1版　　开本787×1092 1/32
2021年8月北京第16次印刷　　印张3
定价:18.00元

序

按照原来的打算，这是一本为不大懂汉语的外国人或者不大懂语法的中国人写的通俗的小书。目的是针对一些常常引起争论的基本概念和观点进行分析和评论。等到提笔写的时候，才感到不可能写得像原先设想的那么通俗。要是那样的话，许多道理就讲不透。可是又不能写得太复杂，因为到底不是给专家看的。结果就成了现在这个样子：高不成，低不就。语法书有两种：一种偏重于讲语言事实，一种偏重于讲理论或方法。这本书没有接触多少语言事实，更没有什么高明的理论。从这一点说，也是高不成，低不就。

这本书里没有提到复句，因为有关复句的问题已经在另外一本小书里（《语法讲义》，1982，商务印书馆）讨论过了，没有必要在这里换成对话的形式重说一遍。

这本书管宾语和补语前边的动词性成分叫述语。词组有时候叫句法结构，所以主谓结构和主谓词组、述宾结构和动宾词组等等是一个意思。此外，句法成分就是一般书上说的句子成分。

作　者

一九八三年八月酷暑中

写于北京西郊中关村

日译本序

在中国的传统的语言学领域里，音韵学、文字学、训诂学都有辉煌的成就，只有语法学是十九世纪末从西方传入的。所以汉语语法研究从一开始就受到印欧语语法的深刻影响。早期的汉语语法著作大都是模仿印欧语语法的。一直到本世纪四十年代，才有一些语言学者企图摆脱印欧语的束缚，探索汉语自身的语法规律。尽管他们做了不少有价值的工作，仍然难以消除长期以来印欧语语法观念给汉语研究带来的消极影响。这种影响主要表现在用印欧语的眼光来看待汉语，把印欧语所有而为汉语所无的东西强加给汉语。只要回顾一下五十年代以来中国语言学界关于词类问题、主宾语问题以及语法分析方法问题的讨论，就会发现这种影响有多么深广。这本小书打算就长期以来汉语语法研究中常常引起争论的问题作一些分析和评论。在我看来，这些争论里有很大一部分是由于受了印欧语传统语法观念的影响以致看不清汉语语法的本来面目引起的。要是我们能摆脱印欧语的干扰，用朴素的眼光看汉语，有许多争论本来是不会发生的。

中国有一句成语叫"先入为主"，意思是说旧有的观念的力量是很大的。我们现在在这里批评某些传统观念，很可能我们自己也正在不知不觉之中受这些传统观念的摆布。这当然只能等将来由别人来纠正了，正所谓后之视今，亦犹今之视昔。不过就目前而论，能向前跨一步总是好的，哪怕是很小很小的一步。

这本书采用对话的形式写，是受了 Eugene A. Nida *Linguistic Interludes* 一书的启发。Nida 的书深入浅出，引人入胜。虽然是三十年前读的，至今还有很深的印象。我应该在这里向他表示谢意。

郭良夫先生主持这套丛书中文本编辑工作，牛岛德次、伊地智善继、香坂顺一三位先生主持这套丛书的日文本编辑工作。要不是有他们几位的建议，我不会想到写这样一本书。本书日译者中川正之和木村英树先生嘱我为日译本作序，使我有机会能跟日本读者直接谈话。谨向他们几位一并表示谢意。

朱 德 熙

一九八四年一月

目　录

零　缘起

主人是语言学家。客人是他的老同学，也是研究人文科学的。由于业务上的需要，也由于个人的业余兴趣，他要求主人用几个晚上的时间跟他一起讨论汉语语法研究里常常引起争论的一些问题。下边是他们几次谈话的记录。为了使讨论显得集中一些，凡是跟论题无关或者关系不大的闲话都删去了。

记录者

壹　汉语语法的特点

客：汉语语法的特点是什么？这个问题我一直弄不很清楚。今天想听听你的意见。

主：特点因比较而显，没有比较就没有特点。所以要问汉语语法的特点是什么，先要问你是拿汉语跟哪种语言比较。

客：过去谈这个问题的时候，大概都是跟印欧语比较的。现在我们讨论这个问题，恐怕也还是要跟印欧语比。

主：要是跟印欧语比，经常提到的有两点：一是说汉语是单音节语，二是说汉语没有形态。

客：你认为这两点符合事实吗？

主：如果单音节语的意思是说汉语的语素（morpheme）绝大部分是单音节的，那是符合事实的。说汉语缺乏印欧语里名词、形容词、动词那些性、数、格、时、人称的变化，那自然也符合事实。

客：通常说因为汉语缺乏形态，所以词序和虚词显得特别重要。

主：这种说法非常含胡。说汉语的词序特别重要，似乎暗示印欧语里词序不那么重要。实际情况恐怕不是这样。拿英语来说，词在句子里的位置相当稳定，倒是汉语的词序显得有一定的灵活性，随便举些例子来看：

(1) 我不吃羊肉～羊肉我(可)不吃～我羊肉不吃

（吃牛肉）

（2）肉末夹烧饼～烧饼夹肉末

（3）你淋着雨没有～雨淋着你没有

（4）他住在城里～他在城里住

（5）借给他一笔钱～借一笔钱给他

这样的例子可以举出很多。我们当然不能说汉语的词序一定比英语灵活，可是我们也不能说汉语的词序一定比英语不灵活。在谈到汉语语法的特点时，有人一会儿说汉语的词序重要，一会儿又说汉语的句子组织灵活，忘记了这两种说法是矛盾的。

客：要是拿汉语跟拉丁语比较，恐怕还得承认拉丁语的词序要比汉语灵活。

主：是的。“保罗看见了玛丽”在拉丁语里可以有六种说法：

Paulus vidit Mariam.	Mariam vidit Paulus.
Paulus Mariam vidit.	Mariam Paulus vidit.
Vidit Paulus Mariam.	Vidit Mariam Paulus.

汉语的词序当然没有这么自由。不过在拉丁语里，这六种说法只是词序不同，结构并没有变。在汉语里，不同的词序往往代表不同的结构。从这个角度看，倒是可以说汉语的词序比印欧语重要。不过通常说汉语词序重要并不是这个意思。

客：那末说汉语的虚词特别重要，是不是符合事实呢？

主：这就跟说汉语的词序特别重要一样，似乎暗含着印欧语的虚词不太重要的意思。事实正好相反，印欧语里该用虚词的地方不能不用，汉语句子里的虚词倒是常常可以

"省略",特别是在口语里。例如：

(6) 买不起别买。(要是买不起就别买。)

(7) 没带眼镜看不见。(因为没带眼镜,所以看不见。)

这就是通常说的"意合法"。此外,口语里甚至连一些表示结构关系的虚词有时候也可以不说出来。例如：

(8) 你搁桌上吧。(你搁在桌上吧。)

(9) 洗干干净净收着。(洗得干干净净收着。)

客：你说的这些我都很同意。那末照你看,汉语语法真正的特点在哪里呢?

主：要是细大不捐的话,可以举出很多条来。要是拣关系全局的重要方面来说,主要只有两条。一是汉语词类跟句法成分(就是通常说的句子成分)之间不存在简单的一一对应关系;二是汉语句子的构造原则跟词组的构造原则基本上是一致的。这两条都是笼统的说法,每条都概括了汉语语法的一些具体的特点。

客：这么说确实太笼统,我一下子领会不了。请你给我解释一下。

主：在印欧语里,词类和句法成分之间有一种简单的一一对应关系。大致说来,动词跟谓语对应,名词跟主宾语对应,形容词跟定语对应,副词跟状语对应,就像下边的图式所表示的那样：

主宾语	谓语	定语	状语
|	|	|	|
名词	动词	形容词	副词

图 一

汉语词类和句法成分的关系是错综复杂的，大致的情形可以从下边的图式里看出来：

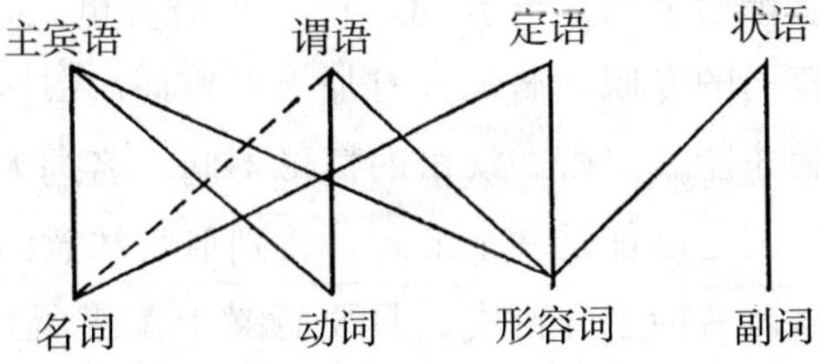

图　二

客：图二包括了图一的全部内容。不同的是在图二里：(1)动词和形容词可以做主宾语，(2)名词可以做定语，(3)形容词可以做谓语和状语，(4)名词在一定条件下可以做谓语。这些都是图一里没有的。

主：你归纳得很正确。这些正是汉语语法的特点，特别是(1)和(2)。我们先来讨论(1)。在印欧语里——姑且以英语为例——动词和形容词只有通过构词手段或者句法手段转化为名词性成分之后才能在主宾语位置上出现。拿动词来说，限定形式(finite verb)只能做谓语，要把动词放到主宾语位置上去，必须把它变成不定形式(infinitive)或者分词形式(participle)。汉语的动词和形容词无论是做谓语还是做主宾语，都是一个样子。传统汉语语法著作认为主宾语位置上的动词、形容词已经名词化了。这是拿印欧语的眼光来看待汉语。就汉语本身的实际情况来看，动词和形容词既能做谓语，又能做主宾语。做主宾语的时候，还是动词、形容词，并没有改变性质。这是汉语区别于印欧语的一个非常重要的特点。说它重要，因为这件事不但影响我们对整个词类问题的看法，而且还关系到对句法结构的看法。现在再说(2)。印欧语里经常修饰名词的是形容词。在有些语言里，做定语甚至是形容词的专职。名词只有加上形容词后缀转化为形容词之后才能做定语。汉语的情形不同。名词无论做主宾语还是做定语都是一个形式。特别值得注意的是汉语里名词修饰名词十分自由。只要意义上配搭得拢，就可以直接粘合在一起组成偏正结构，甚至把一连串名词叠加在一起造成复杂的偏正结构，例如：

(10) 我国南方各省丘陵地区粮食产量概况

这也是汉语区别于印欧语的一个特点。

客：形容词可以做状语和谓语，也跟印欧语不同。

主：汉语形容词能够跟主语、谓语、宾语、补语、定语、状语各种句法成分对应，功能最为广泛。在印欧语里，做状语的只能是副词。因此有的汉语语法著作也把状语位置上的词一律看成副词，结果是副词和状语变成了同义语。其实汉语里做状语的不限于副词。形容词，特别是状态形容词(远远的、好好儿的、规规矩矩的、慢腾腾的)也经常做状语。总之，早先的汉语语法用印欧语的眼光看待汉语，认为做主宾语是名词的专利，做定语是形容词的专利，做状语是副词的专利。这种看法为过去的汉语语法体系带来了两方面的后果：第一，为了弥缝矛盾，不得不建立一种对汉语来说完全没有必要的词类转化的说法，例如说动词和形容词在主宾语位置上的时候转化为名词，名词在定语位置上的时候转化为形容词等等。第二，由于百分之八九十的动词和形容词可以做主宾语，能够做定语的名词百分比更高，这就等于说绝大部分实词的词类都可以转化，因此只能得出词无定类的结论。有的汉语语法书所以会走上这条路，根本的原因是受了印欧语语法观念的束缚，看不见汉语自己的特点，不知道汉语的名词、动词、形容词都是“多功能”的，不像印欧语那样，一种词类只跟一种句法成分对应。

客：现在请你接着谈汉语语法的第二个大特点吧。

主：这个特点也是跟印欧语相比才显出来的。印欧语里句子的构造跟词组的构造不同。拿英语来说，句子（sentence）的谓语部分必须有一个由限定式动词（finite verb）充任的主要动词（main verb）。词组（phrase）里是不允许有限定式动词的，词组里要是有动词的话，只能是不定形式（infinitive）或者分词形式（participle），不能是限定形式。包孕在句子里头的子句（clause）跟独立的句子一样，也由限定式动词担任谓语。总之，句子和子句是一套构造原则，词组是另一套构造原则。举例来说：

(11) He flies a plane.（他开飞机。）

(12) To fly a plane is easy.（开飞机容易。）

(13) Flying a plane is easy.（同上）。

在(11)里，flies在谓语位置上，用的是限定形式。在(12)和(13)里，to fly a plane和flying a plane在主语位置上，分别用不定形式和分词形式。汉语的情形不同，动词和动词结构不管在哪里出现，形式完全一样。(11)—(13)里的flies a plane，to fly a plane，flying a plane用汉语说出来都是“开飞机”。汉语的句子的构造原则跟词组的构造原则的一致性还特别表现在主谓结构上。汉语的主谓结构独立的时候相当于英语的句子，不独立的时候相当于英语的子句。按英语语法的观点来看，它是和词组相对立的东西。汉语的主谓结构实际上也是一种词组，跟其它类型的词组地位完全平等。它可以独立成句，也可以做句法成分。

客：有的语法书上说主谓结构可以做谓语。例如把“这个人心眼儿好”里的“心眼儿好”看成是谓语位置上的主谓结构。这种说法恐怕很难让人接受。我不知道除了汉语以外还有哪种语言有这样的句式。

主：要是别的语言里没有，岂不是正好证明它是汉语的特点？“这个人心眼儿好”还可以勉强说“这个人”后头省略了“的”字，“这个人确实心眼儿好”就不能这么解释了。可见汉语确实有主谓结构做谓语的格式。不但现代汉语里有，古汉语里也有；不但汉语有，汉藏语系的其它一些语言里也有。跟印欧语比较的时候，主谓结构可以做谓语是汉语语法的一个明显的特点。有的语法著作承认主谓结构可以做谓语，但是总觉得这不是一种“常规的”句式，所以总想把它限制在很小的范围里，不许越雷池一步。其实主谓结构做谓语的格式是汉语里最常见最重要的句式之一。应该看成是正好跟“主—动—宾”相匹配的基本句式。

客：你这么说恐怕太夸张了吧。

主：一点也不夸张。由于宾语提前的说法没有根据，过去认为是宾语提前的SOV(我羊肉不吃)和OSV(羊肉我不吃)两类格式都应该解释为主谓结构做谓语的SSV。既然SOV和OSV都不存在,所以跟SVO相配的只能是SSV了。

客:你提出的汉语语法的两个特点之间似乎有某种联系,不过我说不清楚是什么样的联系。

主:你的感觉是有根据的。造成这两个特点的根源都在于汉语词类没有形式标记。英语的动词和形容词放到主宾语位置上去的时候要么在后头加上名词后缀-ness, -ation, -ment, -ity之类使它转化为名词,要么把动词变成不定形式或者分词形式。汉语词类没有这种形式标记,不管放在什么语法位置上,形式都一样,这就造成了词类多功能的现象。另外一方面,由于汉语动词没有限定形式与非限定形式(不定形式和分词形式)的对立,这就造成了词组和句子构造上的一致性。

客:这样看起来,汉语语法最根本的特点还是缺乏形态变化。

主:汉语缺乏形态是一眼就可以看清楚的事实,所以谁都会说汉语语法的特点是缺乏形态变化。可是只有经过仔细的分析和比较,才能看清这个简单的现象背后的深刻的含义。所以我们以上的讨论并不是徒劳的。

客:关于汉语语法特点的问题就讨论到这里吧。下一次我们谈词类问题,怎么样?

主:可以。

贰　词类

客：上回说好今天谈词类问题。我要问的第一个问题是划分词类的根据是什么？通常说名词表示事物的名称，动词表示动作、行为或变化，形容词表示性质或状态。看上去好像词类是根据词的意义划分出来的。

主：根据词的意义划分词类是行不通的。划分词类的目的是把语法性质相同或者相近的词归在一起。可是表示同类概念的词，语法性质并不一定相同。举例来说，"金、银、铜、铁、锡"都是金属的名称。可是"金、银"和"铜、铁、锡"的语法性质有明显的不同。"铜、铁、锡"可以做主语（铜是金属），宾语（需要铜），可以受数量词修饰（一块铜），"金"和"银"既不能做主宾语（*金是黄的、*银是白的，*需要金、*需要银），也不受数量词修饰（*一块金、*两块银）。"铜、铁、锡"大家公认是名词，"金"和"银"有人认为是形容词里的一类（非谓形容词），有人认为是名词和形容词以外的一个独立的实词词类，管它叫区别词，还有人认为根本不是独立的词。不管怎么说，反正不能把它跟"铜、铁、锡"一起归到名词里头去。再举一个例子。"红、黑、红色、咖啡色、紫、灰、粉"都是说的颜色。其中"红"和"黑"可以做谓语（桃花儿红|屋里黑），可以受副词"很"修饰（很红|很黑），还可以重叠（红红的|黑黑的），是典型的

形容词。“红色”和“咖啡色”只能做主语、宾语，不能做谓语，也不受“很”修饰，显然是名词，不是形容词。“紫、灰、粉”不能做谓语，不受“很”修饰，也不能做主宾语，它不是形容词，也不是名词。（有人认为是形容词的一种，管它叫非谓形容词。这种说法不妥当。这个问题我们呆一会儿还会谈到。）

客：这种例子确实不少。譬如“战争”就是“打仗”，可是“战争”是名词，而“打仗”是动词。不过照你这样说，词类和词义之间是不是毫无关系了呢？

主：不，有关系。语法性质相同的词，意义上往往有共通之处。通常说名词表示事物，动词表示动作、行为、变化，形容词表示性质、状态之类的话虽然不够准确，大体上也不算错。不过我们不能倒过来说表示事物的词是名词，表示动作、行为、变化的词是动词，表示性质、状态的词是形容词。因为我们实在没有办法给这些语义概念下明确的定义。什么叫事物，什么叫动作、行为、变化，什么叫性质、状态，它们之间的界限在哪里，可以引起无穷无尽的哲学式的讨论，永远得不到解决。

客：那末我们应该根据什么来划分词类呢？

主：划分词类的根据只能是词的语法功能。

客：你这个话是不是专就汉语说的？

主：是就汉语说的，不过对于别的语言也一样适用。

客：这我就不懂了。印欧语的词类不是根据词的形态变化划分出来的吗？

主：我们可以根据形态给印欧语的词分类，可是归根结底还是根据语法功能。譬如英语用后缀 s(实际语音形式是 -s、-z、-iz)表示名词复数。我们可以根据这一点来确定英语的名词一类。这看起来是根据形态分类,实际上仍旧是根据功能。因为凡是能加表示复数的后缀 s 的词在句子里的语法功能是一致的。而且正因为这样,分出来的类才是有价值的。要是根据形态分出来的类并不能反映句法功能,这种分类就没有意义。譬如说俄语动词有两种变位法,名词变格有三种类型。如果我们根据这些区别来给俄语的动词和名词分小类,虽然根据的也是形态,这样划分出来的类在句法上就没有多大价值,因为它完全不反映句法功能。另外一方面,即使在印欧语里,也有少数词没有形态标志,例如英语的名词 sheep (羊)后边不能加表复数的后缀,俄语的名词 пальто (大衣)没有格的变化。可是讲英语和俄语语法的人仍旧把这些词归入名词。这个时候就是根据句法功能来确定词类的。总之,我们能够根据形态划分词类,是因为形态反映了功能。形态不过是功能的标志。打一个比方来说。军人穿军服,学生穿制服,普通人穿便服,一看衣服的式样(形态)就知道他的身份(词类)。在没有形态或是形态不丰富的语言里,就好像大家都穿一样的衣服。要确定他们的身份就不能根据服装的式样而要根据他们从事的工作(功能)。

客:近年来出版的汉语语法书好像也都承认划分词类的主要根据是词的语法功能,不过同时又强调意义是“重要的参考标准”,有的书上还说意义和功能应该并重,二者不能偏废。你觉得这些说法有道理吗？

主：对这类说法很难发表意见。因为这些著作说到意义是划分词类的重要参考标准时，没有说明该如何参考；说到意义和功能应该并重，不能偏废的时候，也没有交代怎么样才算并重，怎么样就算偏废。

客：难道你真的认为划分词类的时候，词义连一点参考价值都没有吗？

主：是的。严格说起来，词义是没有地位的。不过有一点应该说明。从理论上说，划分词类只能在确定了词的同一性问题的基础上进行。在确定词的同一性问题的时候，当然要考虑意义。

客：词的同一性问题指的是什么？

主：指的是在不同的句法环境里出现的几个词到底应该算同一个词，还是算不同的词的问题。

客：这跟划分词类有什么关系呢？

主：有关系。举一个例子来说：

(1) 人总是要死的。

(2) 别把话说死。

(1)里的“死”是失去生命的意思，(2)里的“死”是不活动、不灵活的意思。如果我们认为这两个“死”意义不同，是两个不同的词，那末在给“死”划类的时候，就必须把这两个“死”区分开，作为两个不同的词看待，并且根据它们各自的语法功能确定其所属的词类。譬如认为(1)里的“死”是动词，(2)里的“死”是形容词。如果我们认为“死”的两种意义之间有联系，不活动、不灵活是由失去生命的意义引申出来的，那就是把(1)(2)里的“死”看成同一个词。这个时候就要把(1)(2)两类意义上的“死”的种种语法功能合在一起作为同一个“死”的功能，并且由此确定其所属的词类。采取这种观点，我们可能说“死”兼属动词和形容词两类。由此可见，划分词类只能根据功能，只有在确定词的同一性问题时，才牵涉到意义。

客：好。我想暂时把词义问题放下，请教另外一个问题。我们一直在谈论词的语法功能，所谓语法功能究竟指的什么？

主：简单一点说，指的是词和词之间的结合能力。例如通常说的形容词可以放在名词前头做修饰语，可以放在名词后头做谓语，可以受程度副词(“很、挺、太”之类)修饰等等。说得准确一点，一个词的语法功能指它所能占据的语法位置的总和。要是用现代语言学的术语来说，就是指词的(语法)分布(distribution)。

客：我们一开始讨论的时候，你曾经说过：划分词类的目的是把语法性质相同或者相近的词归在一起。语法性质指的什么？跟语法功能是不是一个意思？

主：是的。语法性质的说法比较好懂，不过含义不太明确。精确的说法是语法功能或分布。

客：我的问题是你当时为什么不光说“语法性质相同”，而要说“相同或者相近”？

主：因为属于同一个词类的词，语法功能不一定完全相同。譬如说同是动词，有的能带宾语(及物动词)，有的不能(不及物动词)。当然也有一些词语法功能几乎完全一样，譬如名词里的“桌子”和“椅子”。

客：“桌子”只能在“一张”后头出现，不能在“一把”后头出现，“椅子”正好相反。怎么能说它们的功能完全相同呢？

主：“桌子”和“椅子”对于具体的量词的选择虽然不同，可是能在量词这一类词后头出现却是一致的。换句话说，名词作为一个类总是能在量词这个类后头出现。我们说词的语法功能或者语法分布时，是对抽象的词类说的，不是对一个一个具体的词说的。

客：你刚才说属于同一个词类的词的语法功能不一定完全相同。我觉得属于不同的词类的词的语法功能也不一定完全不同。是不是？

主：是的。同类的词必须有共同的语法功能，异类的词必须有互相区别的语法功能。说同类的词有共性，并不是说同类的词语法功能完全相同。例如及物动词和不及物动词都是动词，但是在能不能带宾语这一点上有区别。异类的词必须有互相区别的个性，这也不是说异类词之间就毫无共性。例如动词和形容词虽是两类，也有某些共同的语法功能，譬如说都能作谓语，都能受副词修饰等等。因为同类的词语法功能不尽相同，所以大类之下可以分小类（例如动词可以分及物动词和不及物动词），因为异类词之间也可能有某些共同的语法功能，所以大类往往可以归并成更大的类（例如动词和形容词可以归并为谓词）。讨论词类问题，一定要把词类的共性和个性区分清楚，否则会引起逻辑上的混乱。

客：这两个概念的区别十分清楚，怎么会弄混呢？

主：这也难说。有的语法书上在说到名词的“语法特点”的时候，举的是(1)能够做主语、宾语，(2)能够受定语修饰，(3)能够受数量词修饰之类。无论是(1)(2)还是(3)，确实都是名词的语法功能，就是说都是名词的共性(所有的名词都有这些功能)。可是这三条里没有一条称得上是名词的语法特点(个性)，因为这些语法功能，动词和形容词也有，例如：

(3) 他的笑是有原因的。(动词做主语并且受定语修饰)

(4) 有两种快，一种是快而不好，一种是又快又好。(形容词受数量词修饰)

要是用这三条作为划分名词的标准，那末通常认为是动词和形容词的那些词几乎全都得归到名词一类里去。

客：你举这个例子的意思是说一个词类的分类标准必须真正反映这一类词的语法特点。这岂不是废话吗？

主：不错，是废话。不过在以前关于词类问题的讨论里，这一点常常成为问题的症结。所以尽管是废话，也还是不能不说。很多语法书都提到词类的“语法性质”和“语法特点”(或称特征)。这显然是不同的概念。一个词类的语法性质应该指这一个词类的全部语法上的共性。既然是全部共性，其中当然也包括这个词类跟别的词类之间的某些共性在内。词类的语法特点指的是仅为此类词所有而为它类词所无的语法性质，即指这个词类所以区别于别的词类的个性。这里说的“个性”是跟别的词类对比时说的，对本类词说，这种个性也还是共性。因为一个词类的语法特点应该也是这个词类的所有成员都具备的。换句话说，一个词类的语法特点必然是这个词类的全部语法性质里头的一部分，而划类标准又是语法特点里头的一部分。要是我们用 u 表示一个词类的全部语法性质，用 v 表示这个词类的全部语法特点，用 w 表示划类标准，那末 u＞v＞w。

客：要是把全部语法特点都拿来作为分类的标准，岂不是更好吗？为什么只从里头选择有限的几条呢？

主：因为一个词类的语法特点不容易列举完。就算能全部列举出来，也一定很复杂，不适宜作为分类标准。

客：选择的分类标准不同，划分出来的类的范围就不会完全一样。那末选择分类标准的时候应该遵循什么原则呢？

主：原则是由此建立起来的词类在语法功能上要有足够多的共同点，同时跟别的词类之间又要有足够多的不同点。总之，要能够充分地反映出词的分布情况。

客：这样说起来，划分词类这件事似乎有一定的相对性。

主：是的。所以我们千万不要天真地以为世界上任何一种语言都一定是天造地设的八大词类，一个也不多，一个也不少；也不要以为一个词属于哪一个词类是绝对的，毫无活动余地的。

客：你说的后一层意思我还没有领会。

主：假定说，我们用标准甲划分出名词一类，用标准乙划分出动词一类。很可能有一部分词既符合标准甲，又符合标准乙。为了说得清楚一点，最好画个图。图里的 A 当然是名词，B 当然是动词。问题是 C 这一部分该怎么处理。

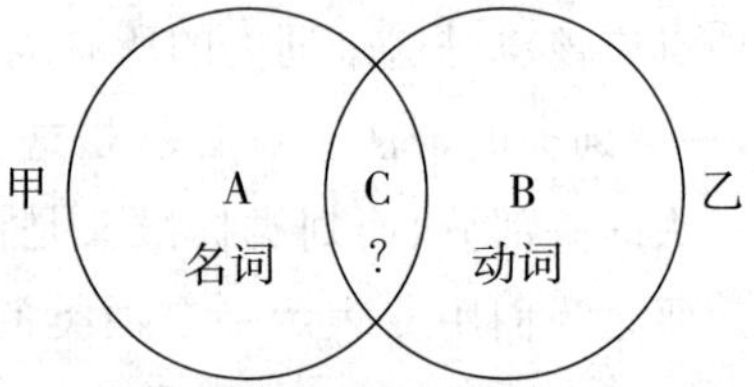

从理论上说，有四种办法可供选择。(1)认为C既是名词，又是动词，就是说兼属名动两类。这个时候的划类标准是：

符合甲的是名词：A+C

符合乙的是动词：B+C

C兼属名词和动词两类。(2)认为C是名词和动词以外的另一类词，采取这种办法的划类标准是：

符合甲而不符合乙的是名词：A

符合乙而不符合甲的是动词：B

既符合甲又符合乙的是另一类词：C

(3) 认为C是名词，不是动词。划类标准是：

符合甲的是名词：A+C

符合乙不符合甲的是动词：B

(4) 认为C是动词，不是名词。划类标准是：

符合乙的是动词：B+C

符合甲而不符合乙的是名词：A

在这个例子里，A、B、C三部分词语法功能的异同是客观事实。无论根据标准甲还是标准乙，A和B都是对立的。对甲来说，C跟A有共性，跟B对立；对乙来说，C跟B有共性，跟A是对立的。无论我们采取上述四种办法的哪一种，都不能改变这些事实。假定我们采取(3)，把C归入名词一类。那末在给名词分小类的时候，仍旧得把C和A区分开，因为它们的语法功能不同。假定我们采取(4)，把C划归动词，在给动词分类的时候，也可能还要把C和B分开。至于这四种办法到底该选择哪一种，那要根据A、B、C三部分的全部语法功能来衡量，看哪一种分类办法能够最充分地反映它们的语法分布情况。

客：我记得在第一次讨论里，你提到传统汉语语法的词类划分曾经受到印欧语语法特别是英语语法的影响。你认为这种影响现在还存在吗？

主：传统观念的势力是很大的，一直到现在我们还会不自觉地受它的影响。

客：请你举些事实来说。

主：在上一次讨论里，我们就说过，英语的动词和形容词不能直接做主宾语，只有通过构词手段或者句法手段转化为名词性成分之后才能在主宾语的位置上出现。有的汉语语法著作受了这种影响，总要想方设法地把主宾语位置上的动词和形容词解释成名词。近些年来的名物化的说法显然是这种影响的继续。还有，早期汉语语法著作把做定语的名词看成形容词，也是很明显的例子。近来很少有人再这么说了，可是这种观点的影响依然存在。

客：何以见得呢？

主：把“金、银、男、女、雌、雄、西式、大型、慢性、彩色”一类词称为“非谓形容词”就是一种表现。这一类词跟典型的形容词很少有共同点。管它叫形容词的唯一根据恐怕是因为能做定语。要是光凭能做定语一点就可以把它归到形容词里头去,那末经常做定语的名词岂不是也同样有理由叫非谓形容词吗?按逻辑说,只有划定了大类以后才能谈到划小类,把"金、银、男、女"等等看成是形容词的一个小类,首先要明确什么是形容词。可是在讨论非谓形容词的论述里,往往把这一点略过不提。这大概是因为按照印欧语的观点,把经常修饰名词的词看成形容词是理所当然的事。

客:既然不能算形容词,这类词该怎么处理呢?

主:这类词语法功能上的特点是只能修饰名词或者在"的"字前头出现。("一男一女""急性好治,慢性难治"之类对举的说法不算。)

客:名词、形容词、甚至还有一部分代词不是也能在这两种位置上出现吗?

主:不错。可是名词和形容词还能在别的语法位置上出现。"金、银、男、女"等等的特点是只能在这两种位置上出现。它既不同于形容词,也不同于名词,应该看成是名词和形容词以外的一个独立的词类。这个类是传统的"八大词类"里没有的。要是起名字的话,可以叫区别词。

客:能不能请你再谈谈副词的问题。

主:刚才已经说过,能够做状语的不限于副词,因为形容词也能做状语。要是把状语位置上的词都看成副词,那末跟形容词的界限就划不清了。比较合理的办法是把副词定义为只能做状语的词。"只能做状语"这句话蕴含着两项语法特征：一是能做状语，二是不能做其它句法成分。

客：按照这种分类标准，“忽然”是副词，因为它只能做状语。“突然”就不能算副词，因为它至少还可以做谓语（这件事很突然），大概得算形容词。这么处理是不是有点别扭？

主：你觉得别扭，大概是因为这两个词意思差不多，不应该一个算副词，一个算形容词。我们不是已经说过，表示类似的概念的词语法功能不一定相同吗？你自己就举过“战争”是名词、“打仗”是动词的例子。你怎么忘记了。

客：这倒不是健忘，恐怕是先入为主的老观念在作祟。近来浏览一些讨论汉语词类的文章。有些意见似乎以前还没有人说过。譬如有人提出可以用逻辑上的排他证明来解决一些不容易处理的问题。作者举的例子是“必然”。他说：“必然”不可能是名词、动词和代词，也不可能是数词和量词。剩下来只有两种可能：或者是副词，或者是形容词。要直接证明它是形容词，找不到充足的理由。可是我们可以根据它能修饰名词（必然产物、必然趋势）这一点确定它不是副词，这就从反面证明了它只能是形容词。

主：这种推理本身就不合逻辑。因为按照这种推理，我们也可以先根据“必然”不能做谓语、不受“很”修饰等等确定它不是形容词，然后用归余的办法证明它只能是副词。这个例子说明一个道理：把一个词归入某个词类里去，必须符合这个词类的分类标准。绕开分类标准，用走后门的办法把它硬塞进去是不行的。

客：道理确实是这样，不过“必然”到底该归在哪一类里呢？

主：“必然”只在三种位置上出现：(1)状语（必然失败）、(2)定

语（必然趋势）、（3）“的”字前头（必然的趋势|这是必然的）。这正好相当于区别词和副词的分布的总和。所以最合理的办法是把它看成区别词兼副词。在状语位置上是副词，在其它位置上是区别词。“共同、自动、高速、长期、局部”等等跟“必然”的情形相同。

客：这确实要比说它是形容词合理得多。最后我想再请你谈谈动词和形容词名词化的问题。从这两次的讨论来看，你好像是不同意名词化的说法的。

主：我认为汉语里凡是真正的名词化都有形式上的标记，主宾语位置上的动词和形容词形式没有改变，说它已经转化为名词是不妥当的。

客：所谓真正的名词化指的是什么？

主：在谓词和谓词性词组后头加上“的”转化为名词性成分才是真正的名词化。“的”可以看成是名词化的标记。

客：说主宾语位置上的动词和形容词名词化也不单是从意义上考虑，也有一些形式上的根据。例如可以受定语修饰，可以用名词代词去复指等等。在谓语位置上的动词、形容词就不可能有这些形式。对比之下，更可以说明主宾语位置上的动词和形容词已经名词化了。

主：这只能说明受定语修饰跟用名词、代词复指的时候整个格式变成了名词性成分，并不能说明其中的动词、形容词本身已经名词化了。举例来说：

（5）他的去是有道理的。

（6）自杀这种事这一带很常见。

这两个句子里的“他的去”和“自杀这种事”既不受副词修

饰，也不能做谓语，显然是名词性成分。可是这一点也不能证明其中的“去”和“自杀”已经转化成名词，因为还可以说：

(7) 他的不去是有道理的。

(8) 跳海自杀这种事这一带很常见。

客：我记得黎锦熙先生曾经说过：单个儿的动词形容词做主宾语时，“干脆说，就是名词”。如果前后带着状语、宾语、补语等等，那末，整个词组是名词性的，其中的动词和形容词的语法性质不变，仍是动词形容词。

主：按照这个说明，不但谓语位置上的动词和形容词跟主宾语位置上的动词和形容词性质不同，就是主宾语位置上的动词和形容词性质也是不确定的，也要转类，而且转得非常利害。比较：

(9) 去是有道理的。

(10) 不去是有道理的。

(11) 暂时不去是有道理的。

(12) 他暂时不去是有道理的。

(13) 他的去是有道理的。

(14) 他的不去是有道理的。

(15) 他的暂时不去是有道理的。

动词“去”在(9)里转成了名词，在(10)(11)(12)(14)(15)里又还原为动词，在(13)里又变成了名词。动词词组“不去”在(10)里转成了名词性词组，在(11)(12)(15)里又还原为动词性词组，在(14)里又变成了名词性词组。动词性词组“暂时不去”在(11)里转成了名词性词组，在(12)

里又还原为动词性词组，在(15)里又变成了名词性词组。这样绕来绕去，不但理论上缺乏根据，对于学习的人说，也是不好理解，难于掌握的。

客：我记得你在什么地方说过有一部分动词和形容词兼有名词的性质。“编辑”和“报告”都指动作(行为)，可是“编辑”有时指人，“报告”有时指文件。你说有的动词兼有名词的性质，是不是指这一类情形？

主：不是的。“编辑”、“报告”之类动词的两种意义完全不同，应该看成不同的词。指动作的是动词，指人或事物的是名词。我说有的动词和形容词有名词的性质指的是另外一种情形。我们知道，名词可以做动词“有”的宾语(A)，可以不带“的”字直接修饰名词(B)，也可以受其它名词直接(不带“的”字)修饰(C)。这几点都是一般动词做不到的。可是有些双音节动词具备这三项功能，例如：

A	B	C
有研究	研究方向	历史研究
有组织	组织能力	政治组织
有准备	准备时间	精神准备
有调查	调查方法	农村调查
有领导	领导同志	上级领导

可见这些动词兼有名词的性质。为了跟一般动词相区别，可以管它叫“名动词”。有些形容词也具备A和C两项功能。(不提B是因为差不多所有的形容词都有B项功能，B对于形容词没有鉴别作用。)例如：

A	C
有困难	经济困难
有危险	生命危险
有自由	婚姻自由

这些形容词兼有名词的性质，可以称为“名形词”。我说有的动词和形容词兼有名词的性质就是指的名动词和名形词。

客：名动词和名形词是具有名词性质的动词和形容词。按照你说的划分词类的相对性的道理，也可以把它们看成是具有动词和形容词性质的名词。换句话说，可以管它们叫动名词和形名词。你舍此而取彼的根据是什么？

主：两种处理办法的实质是一样的。不过选择哪一种办法跟我们怎么给名词、动词、形容词下定义有关系。如果我们把这两类词看成是名词里的小类，那末一开始给名词下定义的时候就得把这些词包括进去。换句话说，要把(A)(B)(C)三项功能直接地或者间接地包括到名词的分类标准里去。就实际情形说，这样做比较费周折，所以我们不采取这种处理方法。

客：我看还有一种处理方法。就是把名动词解释为动词兼名词，把名形词解释为形容词兼名词。

主：是可以这样处理。不过这种办法有一个缺点。一个词如果兼属甲乙两类，我们总能确定它在哪些语法位置上表现为甲类词，在哪些位置上表现为乙类词。可是当单个儿的名动词和名形词处于主语或某些动词的宾语位置上的时候，我们没有办法确定它到底是动词、形容词，还是名词，例如下边两句里的“调查”和“困难”：

（16）调查很重要。

（17）我不怕困难。

要是采取名动词和名形词的说法，就无需回答这样的问题。

客：汉语的动词和形容词在语法功能上是跟名词对立的。说有的动词和形容词兼有名词的性质是不是自相矛盾？

主：不矛盾，因为我们并没有说所有的动词和形容词都兼有名词的性质。英语动词的不定形式和分词形式也都兼有动词和名词双重性质。所以 Otto Jespersen 曾经把英语动词的分词形式比喻为动词和名词的混血儿。汉语的名动词和名形词是类似的现象。

客：最后我还想提一个问题。能够用来鉴别名动词和名形词的动词，除了“有”以外还有哪些？

主：能够鉴别名形词的只有一个“有”。能够鉴别名动词的，除了“有”以外，还有“进行、受到、加以、予以”等等。这些动词所要求的宾语在音节数、意义和词类几方面都受到限制。从音节数上说限于双音节词，在意义上必须是表示动作、行为的，从词类说限于名词（例如“进行战争”、“进行手术”里的“战争”和“手术”）和名动词。不过因为表示动作的纯名词很少，所以这类动词的宾语事实上都是名动词。

叁　主语和宾语

客：这一次我想向你请教关于主宾语的问题。你上次说划分词类只能根据词的分布，不能根据意义。在确定句子的主语和宾语的时候，总不能不管意义了吧。这两天我浏览了一下五十年代关于主宾语问题的文章。尽管众说纷纭，归纳起来也不外两派意见。一派主张根据意义区分主宾语，一派主张根据词序区分主宾语。举例来说：

(1) 台上坐着主席团。

(2) 这个字谁不认识？

(3) 明天我们开会。

词序派认为动词之前的名词一律是主语，动词之后的名词一律是宾语。上边三句里的"台上""这个字""明天"都在动词前边，所以都是主语。意义派主张根据施受关系区分主宾语。(1)的"主席团"、(2)的"谁"、(3)的"我们"都是施事，所以是主语。(2)的"这个字"是受事，应该看成提前的宾语。这两种说法谁是谁非，我没有能力判断。不过按常识来说，句子既然都是有意义的，分析句子的结构自然也不能完全离开意义。单凭词序区分主宾语，是不是把问题简单化了？

主：意义派根据施受关系区分主宾语，把主语限定为指施事，把宾语限定为指受事。可是句子里头名词跟相关的动词之间意义上的联系是各种各样的，并不是只限于施事和受事两类。例如：

(4) 他写了一首诗。

(5) 那幢房子早就拆掉了。

(6) 这位同学我没跟他说过话。

(7) 每人给一样礼物。

(8) 凉水洗不干净油腻。

(9) 你的钥匙开不了我的锁。

这些句子里句首的名词性成分跟动词之间意义上的关系各不相同。(4)的“他”是施事，(5)的“那幢房子”是受事，(6)的“这位同学”和(7)的“每人”都是施事、受事以外的相关对象，可以称为与事。(8)(9)里的“凉水”和“你的钥匙”都是工具。如果把主语限定为只指施事，把宾语限定为只指受事，那就没有办法解释(6)—(9)等句式了。为了解决这个困难，有人特为给这一类句式里指与事和工具的名词性成分起了一个名称，叫关系语。关系语是主语、宾语以外的另一种句法成分。

客：这倒很巧妙。多立一个名目，解决了大问题。

主：恐怕不见得。这种办法的实质是认为主语、宾语、关系语等等句法成分跟施事、受事、与事、工具等语义类之间存在着简单的对应关系，凡主语都指施事，凡宾语都指受事，凡关系语都指与事或工具。如果真是这样，那末主语、宾语等等跟施事、受事等等岂不就是一回事，我们可以直接管主语叫施事、管宾语叫受事、管关系语叫与事、工具，何必另立主语、宾语、关系语等等名目呢？这种办法的实质是取消句法成分的概念，完全根据语义来分析句子。不过事实上还从来没有人能把这种主张贯彻到底的。

客：为什么？

主：按照这种主张，只要是施事，不管在动词前头（主席团坐在台上）还是在动词后头（台上坐着主席团），都算主语。只要是受事，不管在动词后头（我念过这本书）还是在动词前头（这本书我念过），都算宾语。如果能贯彻这条原则，倒也不失为一种主张。可是碰到与事和工具的时候，又放弃了根据意义区分句子成分的原则，认为只有在动词前头的与事和工具才算关系语，动词后头的与事和工具一律算宾语，不算关系语。例如：

(10) 给每人一样礼物。

(11) 我喜欢洗凉水。

(7)和(10)里的“每人”都是与事，(8)和(11)里的“凉水”都指工具，只是因为在句子里的位置不同，(7)(8)里的“每人”和“凉水”算关系语，而(10)(11)里的“每人”和“凉水”算宾语。说也奇怪，本来是坚持根据意义区分主宾语的，结果反而走到词序派的路上去了。

客：我记得主张按施受关系区分主宾语的人里，也有把动词前头指与事和工具的名词性成分看成主语的。

主：是的。有人承认与事和工具可以做主语，可是仍旧不承认受事可以做主语，这只能说是一种硬性的规定，没有什么道理可说。而且当与事和工具在动词后头出现的时候，又不说它是主语，又说它是宾语了。在这一点上，跟

"关系语"一派的情形完全一样,都不自觉地跟词序派合流了。

客:看得出来,你是不同意根据意义区分主宾语的。那末你当然是词序派了。

主:词序派的结论我大体上可以接受,可是我不能算词序派,因为在我看来,区别主语和宾语的关键并不在于位置的前后。

客:这个话我不懂,能不能请你解释一下?

主:好。我们先来看看区分主宾语这件事的实质是什么。我们知道,主语是对谓语说的,宾语是对述语说的。主语和宾语之间在结构上没有直接的关系。从表面上看,"张老师教地理"里的动词"教"一头牵着主语,另一头牵着宾语,好像二者处在同一个平面上。其实主语"张老师"是跟谓语"教地理"发生关系的,宾语"地理"是跟述语"教"发生关系的。主语后头一定有谓语,可不一定有宾语;宾语前头一定有述语,可也不一定有主语。(例如"教地理的张老师来了"里述语"教"后头有宾语,前头没有主语。)所以确定句子里一个成分是主语还是宾语,实际上就是确定包含这个成分的结构是主谓结构还是述宾结构的问题。

客:那末主谓结构和述宾结构的区别到底在哪里?我们有什么办法区分这两类不同的句法结构呢?

主:对语法学家来说,这是一个复杂的问题。目前还没有人能够给主谓结构、述宾结构等等基本语法概念下严格的定义。这就如同现代生物学家也不能给生命、动物、植物等等基本生物学概念下严格的定义一样。可是对于从小就说汉语的普通人来说,问题反而比较简单。他们凭自己的语感就能判断哪些句法结构是同类型的,哪些是不同类型的,尽管他们不一定意识到这一点,更不一定知道主语、宾语、主谓结构、述宾结构等等名目。举例来说:

(a) 买票 (b) 住人 (c) 票买了 (d) 人走了

在主张根据意义区分主宾语的语法学者看来,(a)和(c)是同类的结构,其中的"票"都是宾语,(b)和(d)是同类的结构,其中的"人"都是主语。可是在从小说汉语的普通人的感觉里,(a)和(b)是一类,(c)和(d)是另一类。他们自己不一定能把这种语感明白地说出来。可是我们能够从他们的语言行为里观察到这一点。比较:

买票	住人
不买票	不住人
买不买票	住不住人
买票不买	住人不住
没买票	没住人
买票没有	住人没有
买了票了	住了人了
买一张票	住一个人
买他几张票	住他几个人
买不了票	住不了人

(a)和(b)这种结构上的平行性表明它们是同类型的结构。本地人的语感正是从这里来的。(当然也可以说,这种结构上的平行性是本地人语感的体现。)跟(a)(b)一

样，(c)和(d)之间也存在结构上的平行性，而(a)(b)和(c)(d)之间却缺乏这种平行性。可见(c)(d)跟(a)(b)是不同类型的结构。

客：我看得出你选这四个例子是有用意的。(a)和(c)里的“票”都是受事，(b)和(d)里的“人”都是施事。可是从结构上说，(a)(b)是一类，都是述宾结构；(c)(d)是另一类，都是主谓结构。由此可见不能根据施受关系来区分主宾语。还有，主宾语的区别也不是单纯由位置决定的。“住人”的“人”之为宾语，不只是因为它的位置在动词后头，更重要的是因为“住人”跟典型的述宾结构如“买票”之类在结构上是平行的。我这么说，你看对不对？

主：很对。五十年代讨论主宾语问题的时候，主张按施受关系确定主宾语的人批评词序派，说他们完全根据位置定主宾语是形式主义。其实词序派的结论有比词序更深刻的根据。可惜词序派当时没有认识到这一点，总觉得自己有点理亏。现在看起来，词序派这个名称本身就不妥当。

客：词序派的意见也不见得都对。譬如说他们把动词前头指时间和处所的名词性成分也看成主语。这一点很多人不能同意，我也觉得很勉强。这一类成分说明动作发生的时间或者处所，明明是修饰成分，应该看成状语才是，怎么能说是主语呢？

主：在印欧语里，这一类成分都是副词性的，确实是状语。学过印欧语语法的人往往把这一点作为普遍的原则接受下来，以为所有的语言都是如此。你显然也受了这种观念的影响。其实这只是一种偏见。

客：你好像在这一点上也是同意词序派的主张的。那末我倒要问你，你认为汉语句子里动词前边表示时间和处所的词语不是修饰语而是主语，你的根据是什么？

主：我并不认为这类成分全是主语，不过其中确实有很大一部分应该看成主语。你问我根据是什么，根据是包含这一类成分的格式跟主谓结构之间存在着一系列平行现象，而这类格式跟偏正结构之间却没有多少共同点。举一个例子来说（前边加*号的句子是不能成立的）：

他们种树(A)	今天(这儿)种树(B)	马上种树(C)
他们不种树	今天(这儿)不种树	*马上不种树
他们种不种树	今天(这儿)种不种树	*马上种不种树
他们没种树	今天(这儿)没种树	*马上没种树
他们种树没有	今天(这儿)种树没有	*马上种树没有
他们是不是种树	今天(这儿)是不是种树	*马上是不是种树
他们也许种树	今天(这儿)也许种树	*马上也许种树
他们要是种树	今天(这儿)要是种树	*马上要是种树
…	…	
他们不但种树	今天(这儿)不但种树	*马上不但种树
…	…	
他们所种的树	今天(这儿)所种的树	*马上所种的树
…	…	

A 是主谓结构，C 是偏正结构，B 是我们正在讨论的动词前头有表示时间或处所词语的格式。从意义上看，好像

B跟C相近;可是B和A有一系列互相对应的平行的格式,而B和C之间却没有多少共同点。这就是我们把B看成主谓结构不看成偏正结构的主要根据。

客:你说B和C没有多少共同点,我看也不见得,譬如说:

今天种树(B)	马上种树(C)
是不是今天种树	是不是马上种树
也许今天种树	也许马上种树
要是今天种树…	要是马上种树…
应该今天种树	应该马上种树

主:你举的这些对应格式,A式也有:

他们种树(A)	马上种树(C)
是不是他们种树	是不是马上种树
也许他们种树	也许马上种树
要是他们种树…	要是马上种树…
应该他们种树	应该马上种树

可见这是主谓结构跟以动词为中心语的偏正结构共同的地方(都是谓词性成分)。光凭这些对应格式,不足以断定B跟A相近,还是跟C相近。

客:我承认你讲的多少有点道理。不过在我接受你的观点之前,还要再仔细想一想。你刚才说动词前头表示时间和处所的词语不全是主语,你指的是哪种情形?

主:主要指"炕上坐、屋里谈"一类格式。

客:这类格式跟上边讨论的"今天种树、这儿种树"有什么不同?

主:不同的地方是这类格式缺少跟主谓结构相对应的平行格

式。例如没有:“*炕上坐没有|*炕上是不是坐|*炕上要是坐|*炕上不但坐”的说法。此外,这类格式的重音只能在前边的处所词上。这一点也跟主谓结构不同。比较:

A	B	C
你们'谈	'屋里谈	'马上谈
你们'坐	'炕上坐	好'好儿坐
我们'去	'明天去	'也许去

A组是主谓结构,重音在后头的谓语上;C组是偏正结构,重音在前头的状语上。B组重音在前,同于C组而不同于A组。这一点也证明B组是偏正结构。“'明天去”也可以说“明天'去”。两种形式意思不同。“'明天去”回答问题“哪天去?”,“明天'去”回答问题“明天去不去?”按照上文的看法,“'明天去”里的“明天”是状语;“明天'去”里的“明天”是主语。

客:好。这个问题就讨论到这里。对词序派还有一种批评:要是不管意义,完全根据位置(按你的说法,是根据结构)区分主宾语,那末主语和宾语就成了两个毫无意义的名称。稍微给点意义就要出问题。比如通常说主语是句子的话题。在词序派确认的主语里有的就不像话题,例如“前天有人从太原来”里的“前天”,“一会儿又下起雨来”里的“一会儿”。要把它解释为话题是很牵强的。对于这种批评,你怎么看?

主:这种批评是指责词序派完全根据形式确定出来的主语或宾语没有明确的语法意义。那末我们可以反过来问,意义派根据施受关系确定出来的主语或宾语是不是就有明确的语法意义呢？如果主语都指施事，宾语都指受事，问题就简单了，可惜这种概括不符合事实。我们刚才谈到过，动词后头表示受事、与事、工具、处所的名词性成分，意义派也承认是宾语。这种包罗万象的宾语有什么共同的语法意义呢？通常说，宾语是受动作支配、影响的对象，那末把“洗凉水、晒太阳、飞北京”里的宾语“凉水、太阳、北京”解释为受洗、晒、飞等动作支配的对象，这样的概括算不算牵强呢？我们所以碰到这种麻烦，是因为主语和谓语、宾语和述语之间意义上的关系十分复杂。要对这种复杂的关系进行概括是很困难的。说得太具体了必然缺乏普遍性；要有普遍性，就不免显得抽象、空洞。这本来是无可奈何的事，不管你用什么标准确定主宾语，都会碰到这个困难。所以像主语是话题、主题、陈述的对象一类的话，只能从最宽泛的意义上去理解。按照这种看法，我们就不妨说“前天有人从太原来”的“前天”是话题。当我们把“前天有人从太原来”跟“昨天有人从西安来”对比着说的时候，就更可以看出把这类句子里的时间词语解释为话题并不是很牵强的。

客：你对于主宾语问题的看法，现在我多少有点了解了。不过我还有一个问题要请教。在上边的讨论里，我们提到过许多概念，像主语、宾语、施事、受事、与事、工具、话题之类。其中主宾语是句法概念，其余的都是语义概念。在语义概念里，施事、受事、与事等等似乎又跟话题、陈述有区别。你能不能把这些概念的性质以及它们之间的关系解释一下。

主：这个问题提得很好。五十年代主宾语问题讨论中曾经出现许多胡涂想法，其中有一些就是由于没有把这些概念的性质弄清楚引起的。进行语法分析，一定要分清结构、语义和表达三个不同的平面。结构平面研究句子里各部分之间形式上的关系。语义平面研究这些部分意义上的联系。表达平面研究同一种语义关系的各种不同表达形式之间的区别。这三个方面既有联系，又有区别，不能混为一谈。在上边提到的那些概念里，主语、宾语属于结构平面，施事、受事、与事、工具等等属于语义平面，话题、陈述属于表达平面。

客：话题、陈述也是从意义的角度说的，为什么要把它跟施事、受事等区别开，说它们属于不同的平面呢？

主：这最好举具体的例子来说：

(12) 李大夫（施事）去年用中草药给一位病人治好了关节炎。

(13) 这位病人的关节炎（受事），李大夫去年用中草药给他治好了。

(14) 这位病人（与事），李大夫去年用中草药给他治好了关节炎。

(15) 这种中草药（工具），李大夫去年用他给一位病人治好了关节炎。

(16) 去年（时间）李大夫用中草药给一位病人治好了关节炎。

这五个句子构造不同，意思也不完全一样，可是其中各个名词性成分跟主要动词之间的意义关系却始终维持不变:“李大夫”是施事,“中草药”是工具,“病人”是与事,“关节炎”是受事,“去年”是时间。这是从语义的平面说的。从表达的平面说,相同的语义关系可以用不同的形式来表达。上边五个句子里组成成分之间的语义关系是相同的,但是由于说话的人选择的主语不同,所以形式不一样。例如(12)选择施事作主语,(13)选择受事作主语等等。说话的人选来作主语的是他最关心的东西,这就是所谓话题,谓语则是对于选定的话题的陈述。可见通常说主语是话题,正是从表达的角度说的。至于说主语是施事、受事、与事等等,那是从语义的角度说的。话题可以因选择的主语不同而变化,可是不管话题怎么变,句子里各个成分之间的语义关系却始终维持不变。

客:这一点我现在弄明白了。你刚才说结构平面研究句子里各部分之间形式上的关系。所谓形式指的是什么?

主:这里说的形式是广义的,既包括有形的形式,例如词语的次序、停顿、轻重音以及某些虚词的有无等等,也包括无形的形式,例如词类、层次和可能的变换形式等等。我们把主谓结构、述宾结构、偏正结构等等看成不同类型的语法结构,根据的就是这些形式上的区别。举例来说,主谓结构至少有以下一些形式上的特征。第一,在正常情况下,主语的位置总是在谓语之前。第二,主语可以是体词性的,也可以是谓词性的,谓语一般总是由谓词性成分充任。第三,主语和谓语之间可以有停顿,这个时候主语后头还可以加上“啊、呢、吧、嘿”等语气词跟谓语隔开。第四,主语和谓语之间可以插入“要是、如果、虽然、即使”等连词。三、四两点都说明主语和谓语的联系是比较松的。第五，谓语部分可以变换成反复问的形式（他去～他去不去～他去没有～他是不是去）。

客：述宾结构形式上有什么特征？

主：第一，在正常情况下，宾语的位置总是在述语之后。第二，述语总是由动词充任的，宾语可以是名词性的，也可是谓词性的。第三，跟主谓结构不同，述语和宾语的联系很紧，当中不能有停顿。第四，述语部分往往可以变换为反复问的形式（写信～写不写信）。第五，述宾结构可以受否定词“不”和“没（有）”修饰（写信～不写信～没写信）造成否定形式。第六，肯定形式和否定形式可以并列起来构成反复问形式（写信～写信不写（信）～写信没写（信）～写信没有（写信））。第七，如果宾语是名词性成分，前头可以加数量词（写信～写一封信～写几封信）。

客：主谓结构和述宾结构形式上的特征恐怕还不止你提到的这些。

主：当然，我不过是举些例子。我想要说明的是：区分主宾语——实质上也就是区分主谓结构和述宾结构——只能根据诸如此类的形式特征，不能根据施事、受事等语义概念。

客：这一点现在是清楚了。不过既然根据形式特征确定出来的主语都是话题。那末我们是不是可以用话题来给主语下定义呢？

主：这没有什么实际的意义。因为话题这个概念本身就缺乏明确的定义。一个语言成分算不算话题，可以引起无穷的争论。我们在讨论词类问题的时候说过，名词都指事物，可是不能反过来说指事物的是名词。这两方面的情形是类似的。

客：这次讨论恐怕该结束了。不过最后我还想提一个问题。最近看到 Charles Li（李讷）和 Sandra Thompson 的《汉语语法》（*Mandarin Chinese*）。这部书把话题（topic）、主语（subject）和宾语（object）分开，看成三个不同的句子成分。给话题下的定义包括以下三点：(1)位置在句首，(2)后头可以有停顿或者语气词，(3)意义上表示陈述的主题。这正好相当于通常说的主语。这部书里说的主语指动作的发出者，相当于我们说的施事。宾语相当于我们说的受事。作者认为这三种成分可以同时在句子里出现，例如：

(17) 今天我买菜。

“今天”是话题，“我”是主语，“菜”是宾语。有的时候，话题跟主语或者宾语重合。例如：

(18) 我喜欢吃苹果。

(19) 苹果我不喜欢吃。

(18)里的“我”是话题，同时又是主语；(19)里的“苹果”是话题，同时又是宾语。此外，话题、主语、宾语不一定全都在句子里出现，例如：

(20) 那本书出版了。

(21) 我不吃。

(22) 进来了一个人。

(20)没有主语，(21)没有宾语，(22)没有话题，也没有宾语。你觉得这种说法有价值吗?

主:我看不出有什么价值。这种说法的实质是把语义平面上的概念施事和受事(在这部书里叫主语和宾语)跟结构平面上的概念主语(这部书里叫话题)揉在一起,一律作为句子成分看待。在我看来,这种做法从原则上说就是错误的。

客:为什么?

主:因为它混淆了结构和语义这两个不同的平面。此外,在语义概念里,只承认施事(主语)和受事(宾语)是句子成分,撇开与事、工具、处所、时间等等不论,这种做法也是很粗疏的。

客:有人评价不同,认为这是一种适合汉语实际的新体系。

主:评价可以不同,不过恐怕不能说是"新体系"。因为早在四十年前,吕叔湘《中国文法要略》里就有类似的说法。吕书认为句子里除了主语、宾语以外,还有所谓起词和止词,这是沿袭《马氏文通》的两个术语,分别指动作的施事和受事。(《马氏文通·外动字四之一》:凡受其行之所施者曰止词,言其行之所自发者曰起词。)只是由于这种说法对于分析汉语句法没有什么实际的好处,所以《要略》以后没有人再这么讲,吕氏自己也早就放弃了这个说法。

肆　定语、状语、补语和连动式、兼语式

客：上一次我们讨论了主语和宾语，这一次谈谈其它几种句子成分，好不好？

主：我不喜欢用句子成分这个名称，原因以后慢慢说，我们暂且管它叫句法成分吧。通常把主、谓、宾、定、状、补叫"六大成分"。这种说法很容易引起误解。句法成分是句法结构的组成部分。例如修饰语（包括定语和状语）和中心语是偏正结构的组成部分，述语和宾语是述宾结构的组成部分，主语和谓语是主谓结构的组成部分等等。要是把所有的句法成分都算进去，那就不止六大成分了，至少要增加中心语和述语两种。这还没有区别定语后边的中心语和状语后边的中心语，也没有区别宾语前边的述语和补语前边的述语。其实这些不同的结构里的组成成分性质本来不同，把它们区别开是很有理由的。现在用同一种叫名指称两种不同的东西，只是因为我们没有立那么多名目，并不是因为它们之间有多少共同之处。此外，连动式也是一种基本句法结构；跟其它句法结构一样，也是由前后两个直接成分组成的。这两个组成部分当然也是句法成分，只不过我们没有给它立名目而已。

客：这样说起来，句法成分的数目就多了。

主：重要的不是数目。我想要强调的是句法成分只是句法结构的组成部分，讨论句法成分不能离开句法结构。主语是对谓语说的，宾语是对述语说的，定语、状语是对中心语说的，我们不能离开谓语谈主语，不能离开述语谈宾语，也不能离开中心语谈定语、状语。六大成分的说法撇开句法结构本身专举组成成分的名目，会使人忘记——至少是忽略——这些成分跟它相应的对立成分之间的密切联系。至于“六”这个数目不确切，犹其余事。用数目字概括政治工作中的某些要点，简单易记，是好办法，例如“三大纪律、八项注意”之类。可是把这个办法用在学术问题上就不见得合适。“八大词类、六大成分”的提法把复杂的问题简单化了，容易给人造成错误的印象。很对不起，我把你的话岔开了。现在请提问题吧。

客：我想要问的头一个问题是怎么区别定语和状语。一般书上给定语和状语下的定义好像都不大管用似的。

主：一般地说，在确定一个语法结构(ab)的组成成分(假定说是(a)在这个结构里的职能的时候，不仅要考虑它本身(a)的性质以及跟它对应的成分(b)的性质，还要考虑整个结构(ab)的性质。所以在确定一个偏正结构里的修饰语是定语还是状语时，应该考虑的因素有：

(i) 修饰语本身的性质，

(ii) 中心语的性质，

(iii) 整个偏正结构的性质。

这三项里的随便哪一项都可以选来作为给定语和状语下

定义的根据，不过效果不一样。

客：你说的效果是指的什么？

主：指定义的概括能力，说得明白一点，就是管用的程度。比较起来，恐怕要算(i)的效果最差。

客：为什么？

主：要是选择(i)作为划分定语和状语的根据，我们就只能采取列举的办法，例如说：凡是由名词、人称代词、数量词充任的修饰语是定语，凡是由副词充任的修饰语是状语。

客：你没有提到形容词做修饰语的情形。

主：因为形容词做修饰语可以是定语，也可以是状语。例如“慢性子”的“慢”是定语，“慢走”的“慢”是状语。“周密的想法”里的“周密的”是定语，“周密的考虑一下”里的“周密的”是状语。可见光根据修饰语本身的性质是不可能把定语和状语的界限划清楚的。除此之外，这个定义还有一个缺点。我们给副词下定义的时候说只能做状语的词是副词。现在给状语下定义的时候，又说由副词充任的修饰语是状语，这是明显的循环论证。

客：一般语法书上说修饰名词的是定语，修饰动词和形容词的是状语。这是以(ii)作为划分根据的。这种定义管用的程度恐怕不见得比(i)高多少。

主：是的，因为修饰名词性成分的不一定是定语，例如：他都大学生了|你才傻瓜呢|刚好五个人；另一方面修饰谓词性成分的也不一定是状语，例如：群众的支持|温度的下降|价钱的便宜。这样的例子实在太多，所以这种定义没有多大价值。

客：有人认为“群众的支持|温度的下降|价钱的便宜”里的“支持、下降、便宜”已经名词化了，所以前边的修饰语是定语，不是状语。这么说不是也很合理吗？

主：不过你要是问他何以见得“支持、下降、便宜”已经名词化了，他又会反过来说因为它们受定语修饰。这也是明显的循环论证。

客：(i)和(ii)的效果都不好，(iii)怎么样呢？

主：要是选择(iii)作为划分定语和状语的根据，那末可以把定语定义为：名词性偏正结构里的修饰语；把状语定义为：谓词性偏正结构里的修饰语。按照这个定义，“(他)都大学生了|(你)才傻瓜呢|刚好五个人”因为是谓词性偏正结构，所以其中的“都、才、刚好”是状语。“群众的支持|温度的下降|价钱的便宜”因为是名词性偏正结构，所以其中的修饰语是定语。有一点要特别申明一下。我们说“群众的支持”等等是名词性偏正结构，并不是像有的语法书上说的那样因为其中的“支持”名词化了或者名物化了，而是因为整个偏正结构本身是名词性的：它既不能做谓语，也不受副词修饰。选择(iii)为划分根据还可以合理地解释形容词做修饰语的情形。因为“慢性子”是名词性偏正结构，所以其中的“慢”是定语。“慢走”是谓词性偏正结构，所以其中的“慢”是状语。再如：

(1) 周密的想法

(2) 周密的调查一下

(3) 周密的调查这里的情况

(4) 已经周密的调查过了

(5) 进行周密的调查

(6) 周密的调查很重要。

(1)是名词性偏正结构,其中的“周密的”是定语。(2)—(4)都是谓词性偏正结构,其中的“周密的”是状语。在(5)里,“周密的调查”做“进行”的宾语。由于“进行”这类动词对宾语的特殊要求,这个位置上的宾语“周密的调查”受到以下的限制:

第一,不能受副词修饰。例如不能说:*进行马上周密的调查|*进行立刻周密的调查。(只能说:马上(立刻)进行周密的调查。)

第二,动词“调查”后头不能带宾语。例如不能说:*进行周密的调查这件事的经过|*进行周密的调查一次。这些现象说明作为“进行”的宾语的“周密的调查”是名词性偏正结构。根据定义,其中的“周密的”应该是定语。在(6)里,“周密的调查”在主语位置上。因为名词性成分和谓词性成分都能做主语,所以这个“周密的”可以解释为定语,也可以解释为状语,不过不同的解释在语义上有细微的差别。

客:我看你这个定义还是有毛病。

主:为什么?

客:举例来说,“这个人黄头发”里的“黄头发”占据谓语的位置,应该算是谓词性偏正结构。根据你的定义,这个“黄”应该看成状语。这怎么讲得通呢?

主:“黄头发”不但像你说的那样可以做谓语,而且还能受副词修饰,比方说:“他弟弟也黄头了|他早就黄头发了”。

尽管这样，我们还得承认它本身仍旧是名词性成分，跟真正的以动词、形容词为中心语的谓词性偏正结构不同。

客：区别在哪里？

主："黄头发"可以受数量词、名词、人称代词等等典型的定语修饰。例如："一根黄头发|头上的黄头发|你的黄头发|最长的黄头发"等等。为了跟真正的谓词性偏正结构相区别，我们可以管它叫准谓词性偏正结构。准谓词性偏正结构指的是：出现在谓语位置上以名词性成分为中心语并且能够受典型的定语修饰的偏正结构。例如：

(7) 这个人**黄头发**。

(8) 你**大傻瓜**。

(9) 这老头儿**挺长的白胡子**。

客：你说这些跟我们现在讨论的问题有什么关系？

主：有了这些概念，就可以修正原来的定义，使它更严密一些。

客：怎么修正。

主：我们可以说：凡是名词性偏正结构和准谓词性偏正结构里头的修饰语是定语，凡是真谓词性偏正结构里头的修饰语是状语。根据这个定义，(7)—(9)里"黄头发"的"黄"、"大傻瓜"的"大"、"挺长的白胡子"的"挺长的"都是定语，不是状语。

客：准谓词性偏正结构可以受副词修饰，你刚才举的"他弟弟也黄头发|他早就黄头发了"就是这样的例子。这种位置上的副词也算是定语吗？

主：准谓词性偏正结构前边加上副词以后，就不再是准谓词

性偏正结构,而是真谓词性偏正结构了,因为它不能再受定语修饰。例如没有“*一根也黄头发|*我的早就黄头发”之类的说法。所以这种位置上的副词还是状态,不是定语。

客:我倒想起了一个有趣的例子。“清清楚楚的四个字”有两个意思:有的时候是说字清楚,有的时候是说数目确切。这个句子里的“清清楚楚的”该怎么分析?

主:如果是说字迹清楚,前边可以加上定语,譬如说:“那清清楚楚的四个字”。在这个意义上,“清清楚楚的”是定语。如果是说数目无疑,前边不能加定语。这个时候,“清清楚楚的”是状语。

客:看起来最后经过修正的这个定义是以上讨论过的几种里最好的了。我一时也提不出什么问题来,恐怕还得好好想想才行。现在咱们换个题目,谈谈补语吧。我想要问的是补语跟宾语、状语的界限在哪里。比方说,动词后头表示时间和动量的数量词,有人说是补语,有人说是宾语。动词加“得”后头的形容词或者动词通常说是补语,可是也有人认为是后附的修饰语,把它归入状语一类。

主:讨论这些问题之前,还得重复一下我们一直在强调的那条原则:句法成分只是句法结构的组成部分。研究句法成分不能离开句法结构。所以讨论补语、宾语和状语的界限,实质上就是讨论述补结构、述宾结构和谓词性偏正结构的界限。这是从正面说的。从反面说,也有两条原则:一条是不能从意义出发,一条是不能望文生义。

客：正面的原则在讨论主宾语和修饰语的时候已经领教过了。现在能不能请你把两条反面的原则解释一下。

主：关于不能从意义出发来区别句法结构，我们在讨论主宾语的时候也已经说得够多的了。如果说因为“好得很”跟“很好”、“走得慢慢儿的”跟“慢慢儿的走”意思差不多，就把“得”字后头的“很”和“慢慢儿的”看成后置的状语，这就跟因为“票买了”和“买了票”里的“票”都指受事，就把动词前边的“票”看成提前的宾语一样没有道理。

客：你说的不能望文生义是什么意思？

主：就是不能把一个语法概念的名称字面上的意思作为根据来证明这个概念应该指什么，或者不应该指什么。譬如说，不能根据补语的“补”字把补语解释为“对前边的动词有所补充”的句法成分。通常说的补语，内容相当庞杂，就是因为有许多本来不能算补语的成分也在“对前边的动词有所补充”的名义下塞到补语里来了。

客：你认为最典型的述补结构是什么？

主：大体上有三类。第一类是述语和补语直接组合、当中不带“得”字的格式。例如：切碎、写完、修好、洗干净、拿出、送回去。第二类是述语和补语之间有“得”字表示可能性的那些，例如：切得碎、写得完、修得好、洗得干净、拿得出、送得回去。要注意这一类的否定形式不带“得”字：切不碎、写不完。第三类是肯定形式和否定形式都带“得”字表示状态的格式，例如：写得很好、写得不好、洗得干干净净、热得直出汗、忙得没工夫吃饭。

客：这三类结构的性质似乎并不完全一样。

主：前两类关系很密切，差不多所有的第一类都能转化为第二类。此外，有些通常不很活跃的动词能同时在这两类格式里出现。例如：

见：看见—看得见/看不见

着：找着—找得着/找不着

中：猜中—猜得中/猜不中

成：做成—做得成/做不成

住：抓住—抓得住/抓不住

下：扔下—扔得下/扔不下

开：分开—分得开/分不开

这也是这两类格式关系密切的明证。第一类里由形容词做补语的一部分跟第三类之间也有明显的转化关系。比较：

吃饱　　吃得(很)饱

拉长　　拉得(挺)长

炒咸(了)　炒得(太)咸

走远(了)　走得远远的

来早(了)　来得早早的

买贵(了)　买得太贵了

洗干净　洗得非常干净

客：两种语法格式之间有转化关系，并不证明结构相同。比如大部分述宾结构中间插入“的”字以后都能转为偏正结构。例如：写信～写的信|炒菜～炒的菜|住旅馆～住的旅馆。这并不能证明“写信”跟“写的信”结构相同。

主：你说得很对。不过三类述补结构之间的转化并没有引起结构的根本改变。这种转化不属于“写信～写的信”的类型，而属于“写信～写了信”“炒菜～炒过菜”的类型。

客：你只强调第一类和第二、第三两类之间的转化关系，不提第二跟第三类之间的关系。其实二、三两类都有“得”字，关系最为明显。

主：可是你要知道，这两个“得”性质完全不同。第二类格式里的“得”是插在述语和补语中间的，既不属前，也不属后。第三类格式里的“得”是附加在述语上头的。

客：你说有些不能算补语的句法成分也塞到补语里来了，你指的是什么？

主：主要指两种东西。一种是动词后头表示时量或动量的数量词。一种是动词后头的介词结构。

客：表示时量和动量的成分为什么不能算补语呢？

主：因为动词后头带表示时量或者动量词语的格式（洗一次、住一天）跟述补结构之间没有什么共同点。把这个位置上的表示时量或动量的词语归到补语里去，主要是因为不愿意承认它是宾语。其实“洗一次、住一天”之类跟动词后头带表示名量的宾语的格式“买一本、吃一块”都是由动词和数量词组成的，而且在结构上有许多平行的现象（看下页的表）。可见“洗一次、住一天”应该归入述宾结构。把这一类格式放到述补结构里去的唯一的理由是说：后头的表示动量和时量的词语在意义上是补充前边的动词的。如果这个理由能成立，那末我们也可以把宾语归到补语一类里去，因为宾语也可以说是补充前边的动词的。

动词＋名量	买一本	买了一本	买个一两本	买他一两本	买一本书	一本也没买
	吃一块	吃了一块	吃个一两块	吃他一两块	吃一块糖	一块也没吃
动词＋时量/动量	洗一次	洗了一次	洗个一两次	洗他一两次	洗一次头	一次也没洗
	敲一下	敲了一下	敲个一两下	敲他一两下	敲一下门	一下也没敲
	念一遍	念了一遍	念个一两遍	念他一两遍	念一遍书	一遍也没念
	住一天	住了一天	住个一两天	住他一两天	住一天旅馆	一天也没住

客：你在表里把“洗一次头|敲一下门|念一遍书|住一天旅馆”看成跟“买一本书|吃一块糖”平行的格式。这样的比附恐怕不大妥当。“书”是论“本”的，“糖”也可以论“块”。可是“头”不能论“次”，“门”也不能论“下”。在“买一本书”里，“一本”是“书”的定语，在“洗一次头”里，总不能说“一次”是“头”的定语吧？其余几个例子的情形也一样。总之，你把“洗一次头”跟“买一本书”两类格式相提并论，完全从表面的形式出发，实在难以令人信服。

主：你怎么能断定“一次”不能是“头”的定语，“一下”不能是“门”的定语呢？

客：因为意思上讲不通。而且我们只说“一本书|一块糖”，从来不说“一次头|一下门|一天旅馆”。

主：这可不见得。我举些例子给你看：

(10) 一次头也没洗

(11) 一下门也没敲

(12) 一天旅馆也没住

如果你不承认“一次”可以修饰“头”，“一下”可以修饰“门”，这几个句子该怎么分析呢？

客：这倒是个问题。不过我怀疑你举的这些例子都是特殊的句式，不适用于正常的分析手续。譬如说这一类句子里的数词只限于“一”。

主：这类句式一点也不特殊，名量词也能在这种句子里头出现。例如：

(13) 一本书也没买

(14) 一块糖也没吃

这两句里的“一本”“一块”显然是定语，因此更可以证明(10)—(12)里的“一次”等等也是定语。你说这类句子里的数词限于“一”，这也不见得，比方说：

(15) 两次头一洗，就感冒了。

(16) 三天旅馆住下来，胃口就没有了。

这个现象说明结构上相关的两个成分，意义上不一定有多少联系；反过来说，意义上相关的成分结构上也不一定有直接关系。副词“都”和“也”从结构上看是修饰后头的谓词性成分的，可是从意义上看却是说明前头的主语的范围的。再像：

(17) 圆圆的排成一个圈儿

(18) 酽酽的沏一杯茶。

从结构上说，“圆圆的”“酽酽的”是状语，是修饰后头的动词的，可是意义上却是跟动词的宾语(圈儿、茶)相联系的。

客：我不能不承认你讲的有点道理，这个问题先谈到这里。

现在请你再说说介词结构做补语的情形。

主：通常所谓介词结构做补语指的是以下一类格式：

(19) 坐在椅子上

(20) 爬到山顶上

(21) 送给他①

我们先不谈结构关系，光从层次构造说，就有两种可能的分析方法：

(19a) 坐/在椅子上

(19b) 坐在/椅子上

(20a) 爬/到山顶上

(20b) 爬到/山顶上

(21a) 送/给他

(21b) 送给/他

把这类格式解释为介词结构做补语，就必须采取第一种分析法(a 式)。可是我们无法证明第一种分析法是唯一可取的。实际情况正好相反，就(19)(20)两例说，第二种(b 式)分析法可能更合理些。"坐在椅子上"在口语里实际上是"坐·de 椅子上"。"坐·de 椅子上"只能分析为"坐·de/椅子上"，不能分析为"坐/·de 椅子上"，如果我们承认"·de"是"在"的弱化形式，那末"坐在椅子上"也应该分析为："坐在/椅子上"才是。(20)的情形更明显，"爬到"不但可以单说(爬到了|没爬到)，而且当中还

① 这个格式里的"给"也可以看成动词。看朱德熙《语法讲义》179 页。这里按照一般的说法把它看成介词。

可以插入“得”或“不”转化成表示可能性的述补结构(爬得到|爬不到)。所以最合理的办法是把“到”看成“爬”的补语,把“山顶上”看成述补结构“爬到”的宾语。(21)“送给他”无论按照a式或b式分析,似乎都能讲通。退一步说,即使我们能找到充分的理由证明(19)—(21)都只能按a式分析,这也不能证明其中的介词结构是补语,因为这类格式跟典型的述补结构之间没有什么共同点。

客:现在还剩下一点时间,我们再谈谈连动式和兼语式的问题吧。有人认为连动和兼语的说法不合理,主张把它取消。

主:能够取消的是这两个名称,不是这两个名称所指的语法结构。把这两个名称取消以后,还得替这两类结构找个归宿之处。兼语式的情形比较复杂,等一会儿再谈,现在先说连动式。连动式前后两部分之间的关系不是主谓关系,也不是述宾、述补、偏正等等关系,归不到已有的任何一种句法结构类型里去。

客:不少人认为连动式的前一部分是状语。

主:那就是把它看成偏正结构,这完全是从意义上看的。要是考虑到结构,就知道这种解释是站不住的。因为连动式跟偏正结构之间有对立。譬如:

(22) 有条件承担任务

(23) 有条件地承担任务

(22)是通常说的连动式,意思是具备承担任务的条件。(23)的“有条件”后边有副词后缀“的”(书面上一般写作“地”),是偏正结构,意思是说只有在某种条件下才承担任务。我们不能把(22)和(23)都解释为偏正结构。

客：你的意思是连动式不能取消。

主：我是说连动式是一种独立的句法结构，不能归并到已有的任何一种句法结构里去。至于是不是叫连动式，那不是重要的问题。

客：那末兼语式呢？

主：兼语式的形式是：

V_1+N+V_2

通常认为N是V_1的宾语，同时又是V_2的主语。连动式也可以有这样的形式，只是其中的N和V_2之间不存在主谓关系。所以这两种结构的区别取决于N和V_2的关系。仔细分析起来，N和V_2的关系相当复杂，过去在这一点上的考虑是很不充分的。例如：

(24) N是施事：请客人吃饭|选他当主席

(25) N是受事：买一份报看|找点事儿做

(26) N是与事：帮他洗碗|找人聊天儿

(27) N是工具：借辆车运货|炒个菜下酒

(28) N是处所：上广州开会|进屋里暖和暖和

(29) N是时间：花两小时买菜|等一会儿告诉你

(30) N和V_2没有明显的关系：开着窗户睡觉|穿上大衣出去

按照一般的说法，只有(24)是兼语式，其余都是连动式。其实除了(30)之外，其它例子里的N和V_2之间也都有关系。为什么只承认N和V_2的施事那一类是兼语式，不承认N是V_2的受事、与事、工具等等的那些也是兼语式呢？如果说(24)里的N是V_2的主语，那末(25)里的N能不能说是V_2的宾语呢？

客：照上边的分析来看，N和V_2的关系都是语义关系，说N是V_2的主语、宾语都不妥当。

主：对了。从结构上说，以上例子里的N都是V_1的宾语。N和V_2之间只有语义上的关系，没有结构上的关系，因为V_1+N+V_2的层次构造是：$(V_1+N)+V_2$，N和V_2根本不是互相对应的直接成分。

客：那末你是不是主张取消兼语式？

主：把兼语式看成是跟连动式对立的结构是不妥当的。连动式可以按照其中的N和V_2之间的不同的关系分成若干小类，兼语式只是其中的一类，即N是V_2的施事的那一类。

客：(30)里头的N跟V_2之间意义上没有关系，那该怎么办呢？

主：没有关系也是一种关系，所以也应该看成是连动式的一类。

伍　中心词分析和层次分析

客：近来关于层次分析和中心词分析两种方法的长短和得失，有很多议论。我很想听听你对这个问题的意见。

主：在我看来，把层次分析作为一种方法看待，并且讨论它的长处和短处，恐怕不一定妥当。

客：我不懂你为什么反对把层次分析作为一种方法看待？它不明明是一种分析句子的方法吗？

主：所有的人类语言的语法构造都是有层次的，层次性是语言的本质属性之一。既然如此，进行语法分析就离不开层次分析。层次分析是语法分析不可缺少的手续之一，不是一种可以采用也可以不采用的方法。我们可以举一个平行的例子来说明这一点。语法分析必须在词类区分的基础上进行。区分词类也是进行语法分析不可缺少的步骤之一。我们从来不说什么"词类分析法"，因为说词类分析法，就暗示还有非词类分析法存在。事实上完全不讲词类的语法分析方法是没有的。同样，完全无视结构层次的语法分析也是没有的，因为这种分析必然导致荒谬的结果，不可能被人接受。

客：你说没有完全不讲层次的语法分析，传统语法采用的中心词分析方法不就是不讲层次的吗？

主：中心词分析法也并不是完全不管层次。举例来说，中心词分析法一上来就把句子分析成主语(S)、谓词(V)和宾语(O)三个基本成分。看上去好像不管层次,可是由于宾语是作为谓语的连带成分看待的,所以事实上仍然是把SVO分析为S(VO),并没有打乱层次把它分析成(SV)O。当S和O前头有修饰语(A)的时候,ASVAO也仍然分析为:(AS)[V(AO)],不分析成(AS)[(VA)O]或(ASV)(AO)等等,层次也并没有打乱。不过中心词分析法里蕴含的层次观念是不自觉的,因而是模糊的、不彻底的,有时候甚至把层次关系完全弄错了。

客:请你举个例子。

主:最明显的是在分析偏正结构的时候。采用中心词分析的语法著作大都把复杂的偏正结构里的定语分成三类:(a)联合附加,(b)递相附加,(c)分别附加。这三类定语可以分别拿下边三个例子作为代表:

(1) 北京和上海的高等学校

(2) 我哥哥的老师的书

(3) 一件新的白色短袖衬衫

联合附加指的是由并列成分组成的定语,如(1)里的“北京和上海”。所谓递相附加是说几个定语里头只有最后一个是直接附加于中心词的,其余的都是附加在紧跟着自己后头的那个定语上的,譬如在(2)里,“老师”修饰中心词“书”,“哥哥”修饰“老师”,“我”修饰“哥哥”。所谓分别附加是说几个定语彼此间没有关系,它们是各自单独地附加在中心词上的。例如在(3)里,“一件”“新的”“白色”和“短袖”四个定语各自分别修饰中心词“衬衫”。递相附加和分别附加的说法显然把层次关系弄错了。其实(b)(c)两类偏正结构的区别在于(b)类除了最后一层以外每一层定语本身都是偏正结构，(c)类除了最后一层以外每层的中心语都是偏正结构。这种区别可以从下边的图式里看出来：

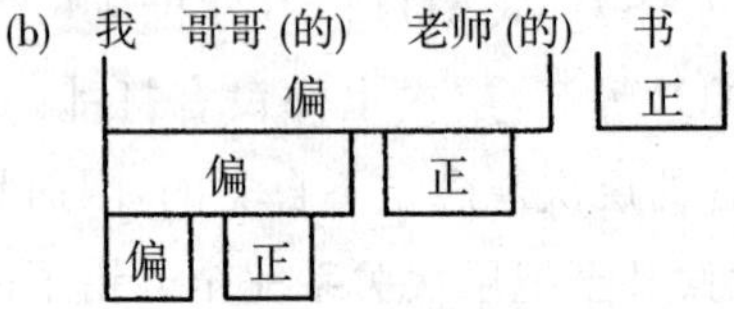

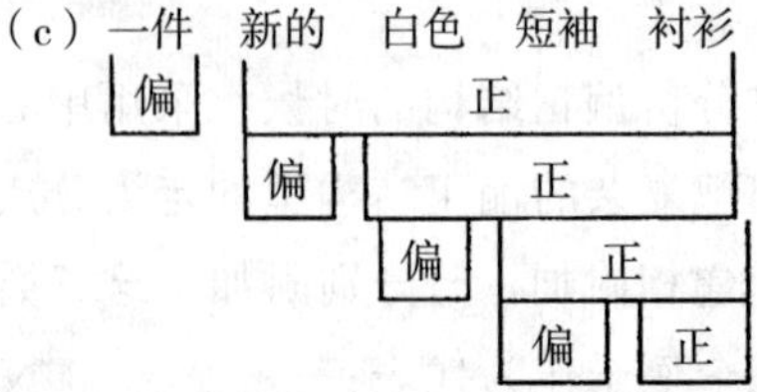

从图上看，我们还可以说这两类偏正结构的区别在于它们的层次构造的“走向”不同，(b)类是“左向”的，(c)类是“右向”的。

客：这样分析确实很合理。相形之下，递相附加和分别附加的说法就显得很不自然。

主：不自然是因为把层次关系弄错了。所以会弄错是因为要坚持中心词分析法的一项基本原则：词组不能做句子成分。为了维护这项原则，就不肯承认递相附加是偏正词组做定语，分别附加是偏正词组做中心词。

客：中心词分析法的原则是一开始就在句子里提取中心词，把词组化归为单词。层次分析是从全体到部分逐层分析，找出每一层的直接组成成分。这两种方法的精神完全不同。（对不起，我又管它叫方法了。）有人主张把两者结合起来，各扬其所长而避其所短，我看这是做不到的。

主：中心词分析和层次分析的对立不在提取中心词这一点上，而在中心词分析法不承认词组可以做句子成分这一点上。其实层次分析并不排斥提取中心词，而中心词分析法却不能容忍包含在层次分析里的词组可以做句法成分的原理。

客：你越说我越胡涂了。我不懂为什么说中心词分析和层次分析在提取中心词一点上不对立。

主：为了说明这一点，我们先得研究一下中心词分析法提取中心词这件事的实质是什么。布龙姆菲尔德（L.Bloomfield）把句法结构分成两类：至少有一个直接成分跟整体的语法功能相同的结构叫"向心结构"（endocentric construction）。向心结构里跟整体的功能相同的直接成分是这个向心结构的核心（head）。所有的直接成分都跟整体的语法功能不同的结构叫离心结构（exocentric construction）。[1] 例如偏正结构（包括定语加中心语的名词性偏正结构和状语加中心语的谓词性偏正结构）的语法功能跟它的后一个直接成分（中心语）相同，述宾结构和述补结构的语法功能都跟它的前一个直接成分（述语）相同，所以都是向心结构。主谓结构的语法功能跟它的两个直接成分（主语和谓语）都不一样，所以是离心结构。

① L.Bloomfield，*Language*，194—195页。

所有由虚词组成的句法结构如介词结构、“的”字结构等等也都是离心结构。联合结构的语法功能跟它的每一项组成成分都相同，是一种多核心的向心结构，布龙姆菲尔德管它叫并列式向心结构（co-ordinative endocentric construction）。

客：这种理论跟提取中心语有什么关系？

主：中心词分析法要找的中心词正是布龙姆菲尔德所说的向心结构的核心。中心词分析法对于偏正、述宾、述补三类结构一律采取找中心词的做法，单单把主谓结构和联合结构剔开，作为另案处理，不找中心词。这是因为偏正、述宾、述补都是向心结构，都有可供提取的核心。主谓结构是离心结构，没有核心；联合结构是多核心结构，也是找不出中心词来的。布龙姆菲尔德关于向心结构和离心结构的说法实际上为中心词分析提供了理论根据。不过采取中心词分析法的某些语法著作并没有意识到这一点。我们先前说，中心词分析法里蕴含的层次观念是不自觉的，模糊的。现在我们又看到，中心词分析法甚至对于中心词的理解也是模糊的，不深刻的。

客：层次分析只找直接成分，从来不找中心词。你怎么能说层次分析跟中心词分析在提取中心词一点上不对立呢？

主：层次分析本身不要求找中心词，可是它也不排斥找中心词。所谓不排斥，是说层次分析跟提取中心词这两件事之间没有矛盾。其实这个话说得还不够。事实是不但没有矛盾，而且从理论上说，提取中心词还只能在层次分析的基础上进行。我们举一个具体的例子来说明这一点。

“咬死了猎人的狗”有两个意思，分别代表两种不同的层次构造：

(4) 咬死了/猎人的狗

(5) 咬死了猎人的/狗

(4)和(5)层次构造不同，提取出来的中心词也就不一样。(4)是述宾结构，提取出来的中心词是动词“咬”，(5)是偏正结构，提取出来的中心词是名词“狗”。很明显，在层次构造没有确定之前，提取中心词是不可能的。有一件事值得特别提出来说一下，就是层次分析中直接组成成分的概念(immediate constituents)和向心结构、离心结构的理论是同一个人(布龙姆菲尔德)在同一部书(*Language*)里提出来的。这件事本身就足以说明层次分析和提取中心词并不是互相矛盾的。

客：关于中心词分析法的缺点已经谈得不少了。我记得你一开始就说讨论层次分析的长处和短处不妥当。这是为什么？

主：我已经说过层次分析不是一种方法，而是语法分析不可缺少的一步。既然如此，就说不上有什么优点缺点。我们从来不说划分词类有什么优点缺点，就是因为划分词类也是进行语法分析必不可少的一步，不是可以用也可以不用的一种方法。

客：可是在讨论词类问题的时候，你不是也批评过有些处理方式不合适吗？

主：划分词类这件事本身没有优缺点可言。可是在具体划分词类的时候，怎么处理合适，怎么处理不合适，当然还是有区别的。同样，层次分析作为语法分析的一种手续，本身也是没有优缺点可言的。不同的人对于层次分析所作的理论上的解释以及不同的语法著作进行层次分析时的具体做法，当然还是有是非、曲直、高下、优劣的分别的。

客：层次分析只能说明语法结构的层次，不能说明直接成分之间的结构关系。这不能不说是一个缺点。

主：层次分析只不过是语法分析的一部分，不是全部。我们不能把层次分析看成是自足的、完备的语法分析手续。进行层次分析一点也不排斥同时进行结构关系的分析。有人以为层次分析可以解释一切语法现象，这是误解。所以产生这种误解，可能是因为过去美国描写语言学派的人大都只讲层次，不谈结构关系。这有两方面的原因。第一，描写语言学派不愿意正面接触语义问题。不谈结构关系，正是为了避免谈意义。第二，就印欧语而论，抓住了词类和层次，就可以在一定的程度上讨论句法。因为在印欧语里词类和层次在一定程度上可以控制结构关系。我们可以用转换语法里的两条转写规则（rewriting rule）来说明这一点：

（6）S→NP＋VP

（7）VP→V＋NP

这两条规则表面上只说到词类和层次，完全没有涉及结构关系，可是(6)的 NP＋VP 实际上就是“主语＋谓语”，(7)的 V＋NP 实际上就是“述语＋宾语”。这是因为在英语里，NP＋VP 只能是主谓关系，V＋NP 只能是述宾关系。这种办法在汉语里是行不通的。因为汉语光凭词类和层次不能控制结构关系。NP＋VP 不一定是主谓关系，例如“经济困难”可以是主谓关系，也可以是偏正关系。V＋NP也不一定是述宾关系。例如“出租汽车”可以是述宾关系，也可以是偏正关系。因此讲汉语语法不能不讲结构关系。总之，层次分析不能包括或代替结构关系的分析并不是层次分析的缺点，正如词类分析不能包括或代替结构关系的分析也不能说是词类分析的缺点一样。

客：有些语法格式是层次分析对付不了的。例如动词前头带状语后头带宾语的时候，找不到一个统一的切分办法。可是对于中心词分析法来说，这些都不成问题。如果这算不了中心词分析法的优点的话，也该承认是层次分析的缺点。

主：如果你一定要谈优缺点的话，那末我的意见恐怕正好跟你相反。动词同时带状语和宾语的格式到底应该分析成A(VO)还是(AV)O的问题（A代表状语），实质上就是研究在AVO里头，到底是AV的联系紧密还是VO的联系紧密的问题。这是一个事实问题。所有的语法学家，不管他对层次分析持什么态度，都应该关心这个问题。严格的层次分析要求对所有这一类问题作出明确的回答。中心词分析法正相反，对这种问题根本不关心（也可以说是避而不谈）。可见你举的这一类例子适足以说明层次分析的严密和中心词分析法的粗疏。至于说AVO切分起来有困难，这是事实。不过这是因为我们对于分析对象的认识不够深入，不能说是层次分析本身的缺点。还是拿划分词类打比方。给汉语的词分类，我们碰到过许许多多困难。可是我们从来不说这是划分词类的缺点。你刚才说对于 AVO 找不到一个统一的切分办法。照我看恐怕有的是 A(VO),有的是(AV)O。很可能还有一部分是两可的。总之,恐怕根本不存在一种统一的切分方法。

客：还有一种意见认为层次分析虽然有优点,但是步骤烦琐,碰到长一点的句子,层次会多到十层八层以上,使人看上去眼花缭乱。对比之下,中心词分析法一上来就抓住中心词,能够把句子的格局清楚地显示出来。所以最好能把二者结合起来。你对这种意见有什么看法?

主：第一,层次分析所以显得烦琐是因为它传达的信息量大,就是说,它告诉我们的东西多。当我们对一个句子作层次分析的时候,事实上是把包含在这个句子里的所有由两个以上的词组成的段落的层次关系都做了交代。例如层次分析告诉我们,“他穿一件新式白色短袖衬衫”这个句子除了它本身之外,还包含“穿一件新式白色短袖衬衫”,“一件新式白色短袖衬衫”,“新式白色短袖衬衫”,“白色短袖衬衫”,“短袖衬衫”等五个段落,如下图所示:

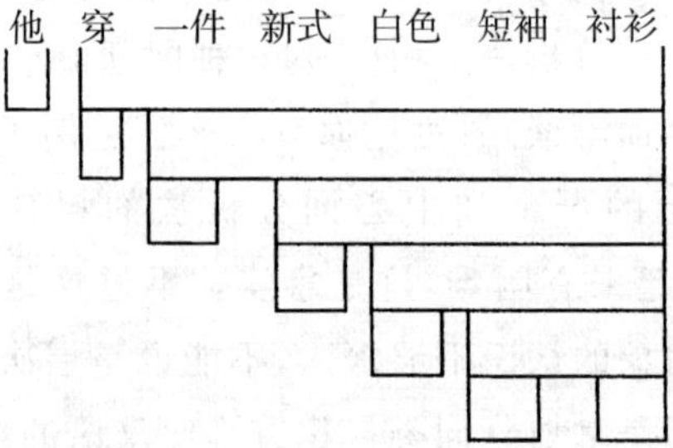

可见所谓“烦琐”，其实是“详尽”。一贬一褒，相去亦远矣。第二，提取中心词跟中心词分析法是两回事，不能相混。提取中心词指的是提取向心结构的核心，这件事跟层次分析没有矛盾，可以并行不悖。中心词分析法虽然也包含提取中心词的内容，可是它不承认词组可以做句子成分，这跟层次分析的根本原则相冲突。所以这两种东西是没有办法结合的。

陆　汉语语法体系

主：这一回我想由我来出讨论的题目。前几次谈的都是局部的问题，今天我们来讨论一个大的牵涉全盘的问题，就是语法体系的问题。你看怎么样？

客：非常同意。常常听人提到语法体系，可是语法体系到底指的什么，我可说不清楚。所谓体系是不是指的理论系统？

主：通常说的语法体系在很大程度上是指的语法事实和语法规律的表述系统。说得通俗一点，就是讲语法的间架。语法体系不能说跟语法理论无关，可是它并不是企图揭示语法构造的本质和规律的理论。

客：这么大的问题，我们从哪儿谈起呢？这样吧，你选择这个问题总是有目的的。你先说说你打算在今天的讨论里跟我说些什么吧！

主：我想对旧的汉语语法体系提出一些批评，然后对于一种比起旧语法体系来更合理也更简单的语法体系做一点介绍。

客：好，那末我们先从旧语法体系谈起。你认为旧的汉语语法体系里最主要的东西是什么？

主：旧语法体系有三个组成部分，一是它的词类观，就是根据句子成分定词类的观点；二是中心词分析；三是以句子为基点进行句法分析的观点。

客：词类和中心词分析法我们已经讨论过了。请你把第三点解释一下。

主：好。所谓以句子为基点进行句法分析，就是把一切句法分析都附丽在句子的模型上进行。具体地说，就是把各种句法成分都纳入到“主语—谓语”这个模型里头去，例如把宾语、补语、状语看成是附属在谓语上的东西，把定语看成是附属在主语和宾语上的东西。我觉得用黎锦熙先生《新著国语文法》的“句本位”这个术语来表示这种观点是很合适的。

客：那末旧的汉语语法体系就可以叫作句本位语法体系了。

主：是的。由于句子里最活跃、变化最多的部分是谓语，所以在采用句本位语法体系的语法著作里，句法部分的主要内容就是讨论谓语。例如王力先生《中国现代语法》提出的能愿式、使成式、处置式、被动式、递系式、紧缩式等等实际上都是谓语的分类。《暂拟汉语教学语法系统》把连动式、兼语式称为复杂谓语。名称本身就直接点明是把这些结构作为句子的谓语看待的。

客：名称无关大局，重要的是实质。

主：名不正则言不顺，名称有时也会影响实质。管连动式、兼语式叫复杂谓语显然不妥当，因为这些结构并不是只在谓语位置上出现。例如：

(1) 他们去北极探险。

(2) 去北极探险一定挺有意思。

(3) 他们打算去北极探险。

（4）去北极探险的人是很勇敢的。

因此有的语法书上把这种不在谓语位置上的复杂谓语改名叫复谓结构。

客：明明是一种东西，为什么要两样对待呢？这个矛盾分明是自己找来的。要是一开始不把连动式、兼语式钉死在谓语上头，就是说，不把谓语位置上和其它位置上的连动式、兼语式看成是不同的东西，不是什么问题也没有吗？

主：你说得很对。不过你只知其一，不知其二，因为当你这样说的时候，你已经离开了句本位语法体系的立场了。要知道，把谓语位置上的动词性结构跟其它位置上（主语、宾语、定语）的动词结构区别开，看成不同的东西，是句本位语法体系一项带根本性的主张。

客：这种主张显然不合理。

主：确实不合理。许多汉语语法著作所以会在如此明显的事情上采取这样一种不合理的解释，是因为受了印欧语语法的影响。以句子为基点描写句法是印欧语语法书一贯的做法。不但传统的印欧语语法如此，就连现代新兴的语法理论如生成变换语法、格语法（case grammar）等等也是如此。这是因为印欧语的语法构造允许——或者说是宜于——采取这种描写方法。你刚才说，把谓语位置上跟其它位置上的动词结构看成不同的东西不合理，你这个批评只适用于汉语，不适用于印欧语。

客：为什么？

主：我们已经提到过，印欧语里句子的构造原则跟词组的构造原则有明显的区别。拿英语来说，谓语位置上的动词结构是一种形式，搬到主宾语位置上去的时候必须变成另一种形式，不但形式不同，性质也不一样。所以把它们区别开，看成不同的东西是有道理的。

客：汉语的情形完全不同。

主：是的。汉语的动词结构不管在哪里出现，形式都完全一样。可是有些语法著作偏偏要模仿外国语法，把汉语里本来没有区别的东西硬说成有区别。比如在分析下边两个句子的时候：

(5) 开飞机容易。

(6) 他开飞机。

非要按照英语语法的办法说两句话里的“开飞机”不一样：在(5)里，“开飞机”是名词性词组；在(6)里，“开”和“飞机”都变成了句子成分——“开”是谓语，“飞机”是宾语，不能再结合成为词组。有人还特别为这种说法创造了一个术语，叫作“熔解”。意思是说词组进入句子以后就熔解开了，就不再是词组了。总之，动词词组在谓语位置上的时候都会“熔解”为谓语和它的连带成分(宾语、补语、状语等等)，只有在主语(开飞机容易)、宾语(他喜欢开飞机)和定语(开飞机的人)位置上的时候，才承认它还是词组。不但动词词组要熔解，名词词组也要熔解。名词性偏正结构进入句子以后，中心语变成主语或宾语，修饰语成了主宾语的连带成分(定语)。①

---

① 刘世儒《现代汉语语法讲义》121页：

……上面所谈各种类型的词组，是把它们孤立起来看的，即脱离开句子来看的，至于这些词组进入了句子，就有的不再是词组，而被熔解为句子成分了，客：本来很简单的事，怎么弄得这么复杂呢？

主：从这个地方可以看出句本位语法体系的一个根本矛盾，即词组和句子成分两个概念之间的矛盾。这种语法体系一方面承认有词组这种东西，另一方面又不肯承认词组可以入句做句子成分。当句子里出现词组的时候，总要找一些理由（例如“熔解”之类）证明它不是词组。

客：动词结构处在主语、宾语、定语位置上的时候，不是还承认是词组吗？

主：那是不得已才承认的，是作为例外承认的。从原则上说，句本位语法体系是不承认词组可以做句子成分的。

客：那末为什么又承认有例外呢？

主：这有两种情形。我们先前曾经说过，主谓结构是离心结构，是找不出中心词来的；联合结构是多核心结构，也是没有办法提取中心词的。因此碰到这两类结构的时候，只好承认是词组。至于承认主语、宾语、定语位置上的动词结构是词组，那是因为这几种位置上的动词结构前边没有主语，不能说里头的动词是谓语，“熔解”的说法用不上，不得已才承认是词组做句子成分。总之，在句本位语

也就是说，这时候词组的各成分都成为句子的成分，因之被熔解在句子之中而不存在了。例如：

“伟大的祖国”站立起来了。

我们“爱祖国”。

孤立地看，“伟大的祖国”和“爱祖国”都是词组，但是在这两个句子里，就不再是词组了。因为“伟大的祖国”这个名词词组的中心词“祖国”作了句子的主语，词组中的定语“伟大”也成了句子中主语的定语，这个时候，词组的两个实词都各自成为句子的成分，这个词组便熔解在句子之中而不存在了。“爱祖国”这个动宾词组也是如此。它在句子里，动词“爱”成了句子的谓语。宾语“祖国”也成了句中的宾语，因此也熔解在句子之中而不存在了。

法体系里，由于词组、句子成分、中心词等基本概念之间互不协调，产生了许多矛盾。为了解决这些矛盾，就想出了词组“熔解”以及词类转化之类的说法。等到这些说法也无能为力的时候，就只好承认在一般规则之外，还有哪些例外。结果是体系越来越复杂。所以句本位语法体系不但由于内部有矛盾，缺乏严谨性，同时也缺乏简明性，实在不能说是一个好的语法体系。

客：你一开始曾经说过，根据句子成分定词类的观点是句本位语法系统的一个组成部分，刚才你又提到了词类的转化。我想知道词类问题跟我们现在讨论的词组、句子成分、中心词分析等等有什么关系。

主：这两方面是有联系的。我们曾经提到过，英语词类跟句子成分之间存在着比较简单的对应关系。大致说来，谓语跟动词对应，主宾语跟名词对应，定语跟形容词对应，状语跟副词对应。动词必须转变成不定式或者分词形式以后才能在主宾语位置上出现，而英语动词的这两种形式都属于名词的范畴。这跟主宾语要求名词性成分这一点是一致的。汉语词类跟句子成分之间不存在这种简单的一一对应的关系。可是传统语法著作在词类问题上也照搬英语的做法，认为主宾语位置上的动词结构已经转化为名词性成分。因此在句本位语法体系里，谓语位置上的动词结构跟主宾语位置上的动词结构有两方面的区别。第一，主宾语位置上的动词结构是词组，谓语位置上的动词结构都熔解为句子成分；第二，主宾语位置上的动词结构都名词化了，只有谓语位置上的动词才是真正的动词。其实这种区别都没有任何形式上的标记，完全是无中生有。结果是：一，承认有词组，但是入句以后，词组都熔解为句子成分，不熔解的是例外。二，承认词有定类，但是入句以后，词类会转化，只能“依句辨品”，实际上就是词无定类。

客：关于句本位语法体系的实质和缺点，你已经讲得很清楚了。现在请你谈谈你要介绍的另外一种语法体系吧。

主：由于汉语的句子的构造原则跟词组的构造原则基本一致，我们就有可能在词组的基础上来描写句法，建立一种以词组为基点的语法体系。这就是说，我们可以把各类词组（主谓结构、述宾结构、述补结构、偏正结构、联合结构、连动结构以及介词结构、“的”字结构等虚词结构）作为抽象的句法格式来描写它们的内部结构以及每一类词组作为一个整体在更大的词组里的分布状况，而不急于把它们跟具体的句子联系起来，特别是不把它们钉死在句子的某个成分上。如果我们把各类词组的结构和功能都足够详细地描写清楚了，那末句子的结构实际上也就描写清楚了，因为句子不过是独立的词组而已。按照这种看法，各种语法单位之间的关系跟它们在传统的印欧语语法体系里的关系大不相同。这可以用下边的图式来表示：

图 一

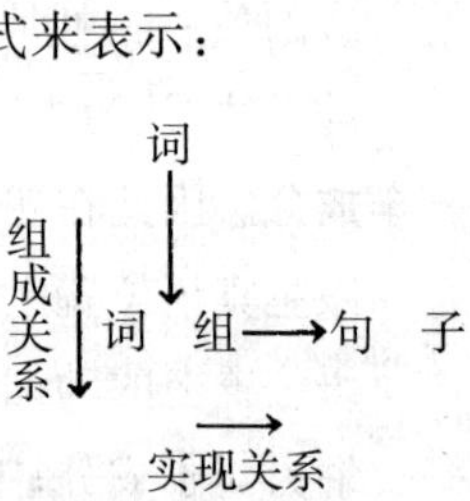

图 二

在印欧语里(图一),词、词组、子句、句子之间的关系是组成关系(composition),即部分和整体的关系:句子是由子句组成的,子句是由词组组成的,词组是由词组成的。在以词组为基点的语法体系里(图二),只有词和词组之间是组成关系(词组是由词组成的),词组和句子之间则是一种实现的关系(realization)。

客:什么叫实现的关系?

主:这种语法体系把词组看成是抽象的、一般的东西,把句子(包括句子的整体和它的部分)看成是具体的、特殊的东西。在描写词组的内部结构和语法功能的时候,不考虑它是不是句子或句子的组成部分,只把它当作抽象的句法结构看待。可是词组随时都可以独立成句或者成为句子的一个组成部分。这个过程就是从抽象的词组"实现"为具体的句子或句子的组成部分的过程。按照这种看法,词组和句子的关系就不是部分和整体的关系,而是抽象的语法结构和具体的"话"之间的关系。

客:最好请你举具体的例子来说。

主:就拿先前举的"去北极探险"为例吧。作为词组,我们只研究它的结构(譬如说,它是由"去北极"和"探险"两部分组成的连动结构)和它的语法功能(譬如说它是动词性的),根本不考虑它是不是句子或者句子的组成部分。可是这个词组随时可以作为具体的话说出来成为一个独立的句子,例如:

(7) 去北极探险!

或者成为句子的一个组成部分,例如(1)—(4)里头的"去

够充分。对比之下，两种体系孰长孰短，十分明显。原因其实很简单，词组本位语法体系适应汉语实际，所以简洁而自然。句本位语法体系硬要用印欧语语法来范围汉语，圆凿方枘，扞格难通，所以显得既罗嗦，又勉强。

客：照你说的那样，似乎句子在词组本位语法体系里没有什么地位，讲了词组就不必再讲句子了。

主：不能这么说。我只是强调汉语的句子的构造原则跟词组的构造原则是一致的。句子的结构实际上就是词组的结构。不过句子跟词组终究是两回事，不能混为一谈。因此在建立词组本位的语法体系的时候，不能不考虑以下两个问题：(1)是不是所有的词组都能独立成句？(2)是不是所有的句子都能还原为被包孕的词组，就是说，能不能作为更大的词组里的一个组成部分？对于(1)的回答是否定的。因为词组跟别的语法单位一样，也有粘着与自由的区别。粘着的词组如 V＋了＋O(吃了饭|打了电话)，V＋C＋O(吃完饭|拿出一本书)等等当然不能独立成句。

客：提出第二个问题的意义在哪里？

主：要是有的句子不能还原为词组的话，那就是说光描写词组的结构还不能穷尽全部句子，有的句子只能从句子的平面上去描写。要回答第二个问题是困难的。因为我们对于这个问题的研究很不够。不过肯定有一部分句子是无法还原为词组的。最明显的是所谓“易位句”，例如：

(9) 他走了，就。

(10) 放假了吗，你们？

（11）他骑走了，把车。

此外带语气词“吧、呢、吗”的句子也是难以还原为词组的。不过即使是这类句子，它的组成部分仍然是符合词组的构造原则的。

柒　形式和意义

客：在这几次讨论里，你给我的印象是特别强调形式的作用，例如你说划分词类只能根据词的分布，不能根据词义；确定词组的结构类型也只能根据形式，不能根据施受关系。我觉得你是不是有点过分强调形式，对意义的重视不够。

主：语言包括形式和意义两方面。语法研究的最终目的就是弄清楚语法形式和语法意义之间的对应关系。所以从原则上说，进行语法研究应当把形式和意义结合起来。不过这个话说起来容易做起来难。一会儿讲点意义，一会儿讲点形式，两方面没有内在的联系。这叫糅合，不叫结合。真正的结合是要使形式和意义互相渗透。讲形式的时候能够得到语义方面的验证，讲意义的时候能够得到形式方面的验证。

客：你完全根据词的分布来确定词类，这怎么能得到意义方面的验证呢？

主：根据词的分布确定出来的词类在意义上确实有共同点。这就是验证。拿以前举过的一个例子来说，“金、银、铜、铁、锡”五个词分布不同，应该是两类。“铜、铁、锡”是名词，“金”和“银”是区别词。这两类词不但分布不同，意义上也正好是对立的。

客：“金、银”和“铜、铁、锡”都是金属的名称，怎么能说是对立的呢？

主：“铜、铁、锡”是金属的名称。“金、银”跟“金子、银子”不同，不是金属的名称，而是一种分类标准。所以我们不能说“*这是金”“*那是银”，只能说“金镯子”“银镯子”（给镯子分类），“金葫芦”“银葫芦”（给葫芦分类）。因为区别词在语义上表示分类标准，所以往往是成对或者成组的。例如：金～银，男～女，雌～雄，棉～夹～单，西式～中式，慢性～急性，国营～私营，民用～军用，长期～短期，大型～小型～微型。我们根据分布把“金、银”跟“铜、铁、锡”分成两类，这种划分正好在语义上得到了验证。要是我们一开始从浮面的认识出发，认为这五个词都指金属，在语义上有共同点，把它们归为一类。由于这种语义分析是错误的，因此不可能在形式上得到验证（“金、银”和“铜、铁、锡”分布不一样）。事实上，凡是得不到形式上验证的语义分析对语法研究来说都是没有价值的。

客：语法书上常常根据意义在词类内部划分小类，譬如说指人的名词、表示动作的动词、表示心理活动的动词等等。这种小类是不是也应该在形式上得到验证呢？

主：不管是大类还是小类，只有在形式上得到验证的才是有价值的。举例来说，有的动词包含给予的意思，如：卖、送、还、赏、嫁、递、归还、转交、遗传，有的动词不包含给予的意思，例如：唱、睡、看、抢、骗、买、沏、商量、琢磨。这种按照语义划分出来的小类正好有形式上的根据：凡是包含给予意义的动词都能在“给＋N_1＋N_2”前边出现，例如：

卖给他一斤鱼

送给我一本书

还给他五十块钱

嫁给他一个女儿

遗传给他一种病

凡是不包含给予意义的动词都不能在这个格式里出现。例如不能说：*唱给我一个歌，*买给我一件毛衣，*沏给我一杯茶。这种形式上的区别有时还可以反过来帮助我们对一些光凭意义不容易确定的疑难情况作出判断。例如动词"写"似乎不包含给予的意义。所在不能说：

他写给我一副春联。

但是可以说：

他写给我好几封信。

这种形式上的对立告诉我们"写春联"里的"写"不包含给予意义，而"写信"的"写"包含给予意义。这个现象其实也不难理解。当"写"跟"信"组合的时候，蕴含着有收信人一方存在，所以这个时候"写"就取得了给予的意义。

客：这样看起来，把"卖、送、还、赏、嫁"跟"唱、睡、看、抢、买"等动词区别开，与其说是根据意义，还不如说是根据形式。

主：是的。不过当形式跟意义真正结合起来的时候，两方面互相渗透，互相验证，实际上也很难分出主次来。

客：你说在形式上得不到验证的语义分析都是没有价值的。我觉得如果意义上真是有区别，总会在形式上有所表现。你说是不是？

主：也许是这样。不过当你还没有找到形式上的表现的时候，我们没有办法判断这种语义分析是不是真有价值。

客：上边讨论的是词类的语法意义问题。能不能请你再谈谈语法结构的意义和形式之间的关系。

主：情形也一样。当我们对语法结构的意义做出某种论断的时候，应该能够找到形式上的验证。举例来说，“跟”和“一样”连用的格式有两大类：

A	B
这种苹果跟那种一样	脸色跟纸一样
里头跟外头一样	这儿的耗子跟猫一样

这两类格式表示的意思不同。A 组是实际的比较，说明两事相同；B 组是修辞的比喻，说明两事类似。例如“这种苹果跟那种一样”是说两种苹果相同，“脸色跟纸一样”是用纸来比喻脸色白，是一种夸张的说法。A 组和 B 组语义上的区别可以在形式上找到验证：第一，A 组的重音在“一样”上，B 组的重音在“跟”字后头的名词上。第二，B 组的“跟”可以换成“像”，“一样”可以换成“似（shì）的。”换言之，这类格式可以有以下四种不同的组合：

这儿的耗子跟猫一样

这儿的耗了跟猫似的

这儿的耗子像猫一样

这儿的耗子像猫似的

不管是哪一种，重音都在“跟”或“像”后头的名词上。跟 B 组不同，A 组里的“跟”不能换成“像”，“一样”也不能换成“似的”。

客：“他跟孩子一样”应该归在哪一类里？

主：重音在“一样”上头的时候，表示比较。意思是说，他跟孩子在某一方面相同。此时是 A 类。重音在“孩子”上的时候，表示比喻。意思是说，他像个孩子。此时是 B 类。这个句子是 A、B 两类格式重合在一起的结果，所以有歧义。对于歧义现象的分析在语法研究里有重要意义，因为它往往能引导我们发现结构上的区别。语法形式和语法意义之间的关系是语法研究中的根本问题。虽然这些年来语言学进步很快，可是我们关于这方面的知识还是很肤浅的。至于我在这几次讨论里说的一些看法，只是一孔之见，谬误之处一定不少。希望你批评指正。

客：我刚才批评你对意义重视不够。现在看来，我的批评是落空了。这几次讨论使我获益匪浅，真是感谢得很。以后有机会还要向你请教。